這樣溝通最有效

作者◎談話專家　李貞淑
繪者◎金炳秀
翻譯◎李鍾鉉

太雅生活館

好的溝通，傳遞美好的情感。

一個人是否懂得說話的藝術，將能左右他的人生是成功或失敗。

現在的人大概都知道，說話技巧的好壞，會左右一個人幸或不幸、成功或失敗。說話，從來不只能傳達意思，事實上，它還能影響人與人之間的情感，改變人的一生。從很多事件可證明，一句話，不但能影響家庭與社會的生活內涵，甚至具有改變歷史的威力。

一句話的威力：改變歷史

羅馬皇帝凱撒，他並非皇族，但卻能打破皇族對他的成見，獲得群眾信賴，他憑藉的便是能言善道的本領，這讓他成為羅馬地區、甚至是整個歐洲的統治者。法國末代國王路易十六的王妃瑪麗．安東尼，不知民間疾苦，竟對肌餓的民眾說：「沒有麵包，吃蛋糕不就得了！」人民聽到這樣的話，深受刺激，於是立刻衝進巴士底監獄，引發了法國大革命。最後王妃也在斷頭台上，爲自己奢華的人生畫下句點。中國秦朝末年，楚霸王項羽因爲說了歧視韓信的話語，韓信於是投靠劉邦，楚霸王最後以悲劇收場。

由前述例子可知，自有人類以來，跨越人種、跨越古今中外，回顧過去種種曾眞實上演的歷史，便可知道一句話的影響力有多大。現今這個時代，說話藝術的重要性，尤其甚於以往。原因是，現代社會的結構和古代已十分不一樣。

說話，很自由，但也得小心

如今，我們所處的社會，有個最大的特徵，那就是「平等權」的擴大。每個人都有權利表達自己寶貴的意見。不過，像是職場、家庭這類小規模的組織，其實是需要獨特系統來支撐的，各式各樣個性的人構成一個組織，自然會有各種不同的思維與意見出現，然而組織最重要的意義，就是要懂得合群團結，才會有競爭力和凝聚力。如果遇到與我們觀念不同的人，還是要盡量多多包容。因爲任何人若無法擁有良好人際關係，便無法在組織中好好地生存下去。也因此，現代人雖然有發言的自由，但相對地，也必須更加小心自己的言行。

以我個人成長的韓國來說，一直以來，韓國民族是很注重階級、年齡等權威觀念的。就算被長輩侮辱，也必須接受長輩那種態度。也因爲如此，即使如今的社會型態可讓人人自由發言，但一般人還是會出於畏懼長輩權威，而不敢對長輩說出任何內心想說的話，甚至整個民族的性格都是十分壓抑的，大家都不太敢說出有害人際和平的眞心話。主管對部屬態度惡劣，部屬不敢反駁抗辯；消費者要求無禮過分，販售商品或服務的人也不敢多吭一聲……，人人爲了想繼續在組織裡生存，似乎意識到很多時候不容自己隨意表露心聲。這麼一來，人人心裡無時無刻不在累積精神壓力，因而引發許多如腸胃不適、失眠症等文明病。

溝通，不是隨心所欲亂講一通

爲了幫助大家改善在組織中像「小媳婦」般的發言窘境，市面上出現了許多有關說話藝術的書。不過到目前爲止，各種與溝通方法有關的書籍，重點還是放在如何維持良好的人際關係。但我發現，許多人的問題其實在於：「我大致已了解，該如何小心說話才不會傷人，但有時卻是對方的態度很惡劣，讓我似乎也得以其人之道還治其人之身去傷害他，才能繼續與他應對溝通下去。」

我相信，你一定已經十分了解說話藝術的重要性，在此我想與你分享一段話。「說話，是需要對象的，若其中一方隨心所欲表現出自己的喜怒哀樂，那麼另一方就比較容易失去平衡，也就無法冷靜解決兩人之間的問題。」這段話的意思是說，我們應該要根據對方的個性來進行談話。而一旦我們受到對方的言語傷害，該如何在不感壓力的情況下，在能夠繼續保持良好人際關係的前提下，以各種方式去應對，這便是十分重要的課題了！這也正是本書《這樣溝通最有效》所著重的內容。

本書教你：打敗身邊討厭鬼、討厭局面，面對自我弱點

惡毒的話語，是一種肉眼看不到的銳利武器。如果被刺傷的人不甘心受到傷害，他肯定會以更銳利的武器來傷害對方。因此，千萬別想以一句話來擊倒對方，用比較委婉的說話方式，讓對方啞口無言，才是最有效的方法。

因此，我在這本書裡提到，當對方用言語傷害你的時候，該如何在不

受到心理壓力的情況下，以不侮辱對方的最佳方式來加以回應，並且讓對方不再繼續傷害你。當然，我也會和各位聊聊，如何不讓別人輕視你。

本書的第一章，主要是談如何「贏過身邊的討厭鬼」。這一章的重點在於，我們如何用方法因應各種各樣個性的人。人有百百種，在無法互相理解與了解的情況下，我們很容易誤解別人的意思，因而產生很大的爭執或衝突，這一章將爲你分析我們身邊各式各樣常見的討厭鬼，他們通常具備何種人格特質，讓你能知己知彼，百戰百勝。

本書的第二章，則是談如何「贏過討厭的狀況」。這一章的重點在於，根據各式各樣職場的、生活中的棘手衝突情況，我們如何在不受到心理壓力的情況下，好好解決問題。

本書第三章，則提出一些我們每個人性格裡常見的弱點，並告訴你如何「贏過自我弱點」。這一章的重點在於，我們如何改善自己不好的地方，並包容別人毒蛇般的言語攻擊。

這是一本很容易閱讀的書，因爲我已經按照各種狀況舉出實際例子以及因應方法，相信這樣能讓你在實際生活中應用自如。本書希望帶給你的，是如何在不破壞良好人際關係的前提下，在沒有心理壓力的情況下，幫助你與各式各樣的人溝通、解決問題，掌握溝通局面，贏得成功的人生。我們一起加油吧！

李貞淑

目錄

Chapter 1 贏過身邊的討厭鬼

Chapter 2 贏過討厭的情況

Chapter 3

贏過自我弱點

測驗本

人際關係大考驗

Chapter 4

贏得人際關係的密技

Chapter
1

贏過身邊的**討厭鬼**

01

擊退討厭鬼1號

固執的人

致勝關鍵

「以退為進，更好溝通」

1＋1＝1，這明明就是錯誤的答案，大部分的人都知道，但有些人就是喜歡「硬拗」，認爲這答案沒錯。這種人，一旦覺得自己的意見是最好的，就不會接受別人的建議，更不會讓步，甚至覺得妥協是很可恥的行爲。這類型的人可說是「固執達人」。個性溫和平凡的人，往往無法堅持己見，與這些固執達人爭執，根本無法正面去反駁他。

用感性態度，征服固執的人

面對固執達人型的主管、買主、父母，我們其實不需要用理性的說明去回應他，而是要無條件地說：「你說的沒錯。」這樣比較容易軟化對方的固執，這是最聰明的應對方法。不過，一般人的自尊心通常很強，遇到類似情況，常會立刻反駁：「這種話，會不會太荒謬了點，這叫人怎麼聽得下去？」說眞的，如果你眞的很想在這場溝通裡占優勢，其實需要懂得如何「以退爲進」。

大部分的固執達人，都自以爲他就是因爲固執（有堅持），才能有目前的成績。這種人大都很重視自我判斷、對某些事有深入研究，或是白手起家的人，所以根本不覺得自己的固執是有問題的，反而覺得這很必要、很光榮。如果有人批評他固執，他就絕對不可能會再和對方繼續溝通。因此，就算這種固執的人常在說話方面得罪你，也可能妨礙到你工作，但建議你還是退一步，才能贏得眞正的勝利。

此外，這類人的固執堅若磐石，如果對方比你固執、頑固多了，自然無法硬碰硬，因爲你根本碰不贏對方。其實，固執的人個性多半相當單純，若你能讓他了解：「我無意否定或挑戰你的觀念。」就比較容易進行溝通，甚至他還有可能靜下心接受你的想法。因此，遇上固執達人，只需以感性的態度，簡單說出幾個重點即可。當你和固執的教授談到成績，或是試圖讓你之前遭否決的案子或資料，被固執的主管認可，最好的溝通方式並非強硬的言詞，而是以溫和的態度進行妥協。記住這一點，下次再和這類人談事情時，心裡自然會好過些。

固執案例

經常在外弄丟手錶，卻不承認是自己弄丟的

結婚剛好滿十年的閔小姐，她因爲先生個性很固執，而每天都在思考離婚。她先生是那種只要覺得自己沒錯，就絕對不會讓步的人。如果他在外面不小心弄丟手錶，回到家就會對閔小姐說：「我通常不會在外面拿掉手錶，所以手錶一定是掉在家裡，快點給我找出來。」每當發生類似事情的時候，閔小姐總是覺得很荒唐，有時還會很生氣地和先生大吵一架，但還是無法解決先生固執的壞毛病。就這樣過了十年的歲月，閔小姐終於領悟到，妥協或讓步，就是面對固執老公的最好方法。

現在，若是她先生又把手錶弄丟，卻又堅稱自己從不在外面拿掉手錶，雖然她知道先生講的不是事實，但她還是會對老公說：「你的確不可能在外面拿掉手錶，這我知道，可是我在家裡也沒看到你的手錶，請你自己找找看！」這時她先生就會非常不好意思地說：「說不定是我在外面不

知不覺拿掉手錶……」

面對固執的人，如果你想占溝通優勢，方法是：就算對方拿出再怎麼荒謬的理由、堅持自己的想法，你不妨還是耐著性子尊重他，接著再以感性的態度與他溝通。記住，雖然這類人很固執，但他們的內心卻很正直、堅強。因此只要你不以自己的固執與他硬碰硬，就算你的要求有些無理，對方還是會接受的。

到底為什麼我每次
都在對牛彈琴？
你不知道？其實我
就是一頭牛……
你繼續吠吧…

02

擊退討厭鬼2號

強勢的人

致勝關鍵

「表現得比他更強勢」

強勢的人有個特徵，就是對於比自己更強勢的人，很會拍馬屁；對於比自己弱勢的人，非常嚴苛。因此，我們不管是被一些比自己更強勢的人（主管、客戶、家裡的長輩……）傷害了自尊，不僅可能擔心會有不好後果，還可能感到很憤怒。然而，我們通常也只是一直忍耐憤怒，讓心理壓力持續累積、惡化下去，而別無辦法。

希特勒，天下第一字號強勢者

天下第一字號強勢者希特勒，他在年輕時相當貧窮，曾因付不起房租，被猶太房東趕出去，這對他造成很大的心理傷害。因此，當他擁有比當年那個猶太房東更大的權威時，就開始非常殘忍地四處屠殺猶太人。這個例子所代表的意義是，其實只要有機會觀察強勢者的內心世界，就能發現他們過去往往多少都曾遭遇強勢壓迫，內心受到創傷打擊，因而充滿報復心。

許多強勢的人，經常把握機會，報復以前曾侮辱過自己的人。因此，這類人都會藉由報復比自己弱勢的人，從中獲得安全感。一旦判斷出對方是弱者，就會不斷欺負對方，但如果他發現對方是比自己還強勢的人，就會比較容易被打敗，甚至無條件臣服，以求生存。

其實，強勢者的內心通常比較軟弱、感性，所以他才會認爲仰賴權威做事比較安心。他的報復心，說穿了，也不過是一種對弱者的防禦能力，也就是在對方開始攻擊前，先做出防禦。這類人的感性通常比理性還強，連重大事情也會以感性來判斷。當強勢的人說錯話時，在他面前爭辯是非，等於是在惡劣火勢上澆油。因此，當這類人拿出權威傷害你的自尊心時，不要和他談論對錯，儘管拿出比他還要強勢的姿態加以鎮壓，就是最好的對應方法。

強勢案例

主管搬出權威，欺壓部屬

吳先生從美國留學回來後，便在國內某大集團上班，由於現今網路傳輸發達，吳先生的所有提案都能藉由網路傳遞給主管，他因此無法理解主管為何要他每天早上九點不到就得來上班。比起工作成果，吳先生的主管反倒比較重視上班規矩及紀律，他總是很嚴格地要求部屬，一定要遵守上、下班時間，即使坐在自己的座位上不做事也沒關係。但吳先生認為，有時候在家裡熬夜完成工作，隔天透過網路送出提案，然後利用早上補眠的方法，會比較有效率，但主管卻一直無法接受他的想法，甚至以自己的高度權威否決吳先生的主張。日子拖得愈久，吳先生和主管之間的摩擦隔閡就愈大。有一天，吳先生終於發現，可以換個方法和主管溝通。他私底下打聽上、下班時間的規定，是誰的指示，結果終於知道是公司高層的指示。

因此，吳先生決定發電子郵件給總經理，請他幫忙解決這個問題。當然，吳先生在郵件上請求，自己寫信給總經理的事情希望能保密，結果總經理認為吳先生的建議是有道理的，便立刻指示工作時間可調整，經過總經理下令後，吳先生的主管也就立刻將自己的權威收了回去。

從前面的例子可知，強勢的人在權威比自己高的人面前會表現弱勢。若能懂得善用這一點，也就比較容易與強勢的人應對。如果你的主管、同事、教授都是強勢的人，那就私底下向比他權威更高的人表達看法，如此才不會繼續被欺壓。如果同事或合作廠商之中有人很強勢，請在一開始就讓他了解，你的背後可是有權威更高的靠山在撐腰，如此，對方也會用更尊重的態度面對你。

03

擊退討厭鬼3號

目中無人的人

致勝關鍵

「冷靜直接說出感受，讓對方知道嚴重性」

不尊重身邊的人、總是自己擅作主張，我們會說這個人很「目中無人」。這類人完全不會考慮到他人的處境或立場，所以常常在大庭廣眾下侮辱或傷害別人，甚至不自覺地在別人傷口上撒鹽。

和這類人相處，我們常會感到：「如果忍讓他，悶著頭繼續聽他說，內心會很受傷；但若跟他爭辯，又會覺得自己太小家子氣；如果裝作沒聽到，心裡也還是會有點不是滋味。」這些輪番掙扎的內心戲都無法讓人擺脫困擾，但是大部分的人被這類人侮辱後，還是會找台階下：「我不是因爲怕他才逃避，而是爲了大局和諧才選擇遠離……」就是這樣，大多數的人都覺得，離這類人遠一點，才是上上之策，然而心中仍無法原諒對方那種目中無人的態度，自己內心深處因而恨對方恨得掙扎不已。

目中無人案例

大庭廣衆之下，口不擇言侮辱人

崔小姐每次都會被一個目中無人的男同事欺負，她實在很希望不要和這個男同事一起共事。有一天，因爲下班後有一場很重要的派對，崔小姐特別穿了新衣服、披新圍巾來上班，一早剛好就在公司樓下遇到那位男同事，對方便在大庭廣眾下批評崔小姐的穿著。

崔小姐已經無法忍耐他這種態度，一兩次可以忍受，但對方的態度愈來愈令人憤怒，所以崔小姐決定不要被一而再、再而三侮辱，就很強硬地對他說：「你怎麼可以這樣隨便批評人家？眞是過分，讓開！」但這名男同事對崔小姐的反應感到很有趣：「妳講話也很酸，不是嗎？」就這樣一直刺激崔小姐。

在職場、派對上這種人多的地方，就有可能出現這種目中無人的人。

這類人往往喜歡與人拌嘴，所以對付這種人若用錯方法，會很容易被反擊。如果你常得和目中無人的人相處或做生意，請事先分析對方的個性，你才不會一直覺得有壓力。

大部分目中無人的人，基本上都是缺乏家庭教育的人。懂得考量他人立場，是一種基本禮儀，但這類人多半沒從父母身上學到這種禮儀，甚至不知道自己的行爲舉止會影響他人心情。因而在前述案例中，即使受到侮辱的崔小姐，採取了生氣態度來應對，但對方由於不自知，而當崔小姐是在開玩笑。

基本上，目中無人的人都不喜歡守秩序或受約束。所以，若你露出很訝異的表情，並且用不帶感情的低沉口氣對他說：「聽到你這麼說，我的心情非常不好。」對方才可能了解你是認眞的，並覺得：「你看起來好像眞的很生氣。」

以理性、冷酷、銳利態度應對，但不代表要傷他自尊心

大多數目中無人的人，在會議等公開場合上，不管別的出席者地位是高或低，他都會獨占麥克風，彷彿現場只有他一人能解答所有問題似的，

以傲慢自負態度發表意見。如果遇到與自己看法不同的人，還會立刻反駁，並且一直不斷反覆這麼做，純粹爲了反對而反對。大部分目中無人的人，都是很自戀的人，因此他們總會想盡辦法爬到最高地位，才能安心。

每個人都有屬於自己的聰明智慧，因此可別因爲被目中無人的人欺負，而感到難過，找出對方最大的弱點才是最重要的。這類人的弱點，就是害怕被大部分的人排擠。因此，以理性、冷酷、銳利的態度來應對，對方就比較容易被打敗。若對方的言行舉止使你感到任何不悅，就以冷酷低沉的語調來表達，這樣對方會比較容易判斷目前狀況的嚴重性，也會懂得與大家妥協。

但是，大部分目中無人的人，自尊心都很強。你可以冷靜點出他的問題所在，但千萬不能傷到他的自尊心。請對方改善態度時，別讓他覺得這是你對他的期待和要求，而應該讓他自己判斷，決定是否要改善。這時你還可加上一句話：「我相信，聰明的人一定會懂得分辨是非……」如此才不會讓目中無人的人感到反感，你也才能完完全全掌控這溝通的局面。

04

擊退討厭鬼4號

扯後腿的人

致勝關鍵

「當眾說出遭背叛的感覺，揭穿對方真面目」

一個你很信任的人背叛你，那就叫「扯後腿」。背叛的定義是：一個平常讓你感覺很親切、很信賴的人，當他暴露出別有居心的那一瞬間，就算是對你造成背叛。在社會生活中，若你不想被很熟的人扯後腿，請小心防範對你太殷勤的人，不要告訴對方太多你的事。

扯後腿案例

對你獻殷勤的同事，可能別有居心

鄭小姐，在銀行工作三年；蔡小姐，比鄭小姐晚一年進公司，她們兩人就像親姐妹一樣要好。蔡小姐每天早上都會爲鄭小姐準備咖啡，鄭小姐晚上要加班，蔡小姐也會陪她，鄭小姐當然會被體貼的蔡小姐感動，所以常常對她說自己的私事。

當卡奴問題開始慢慢擴大，信用卡業績也下降得愈來愈明顯，因此銀行特別指示每位行員，希望他們能親自打電話給優良顧客，推薦使用信用卡。

當時，是由蔡小姐負責將顧客名單整理給各個行員，但蔡小姐卻故意不把顧客名單發給鄭小姐。在銀行特別指示解除後，蔡小姐因爲電話業績很好，升官調到別的部門，而鄭小姐則因業績不理想，被銀行記了小過。後來鄭小姐得知，蔡小姐從不把她當成前輩看待，甚至把她當成升遷的競爭對手。而銀行在特別指示期間有份公文，提到每個人的業績好壞會反應到考績，蔡小姐也沒拿給鄭小姐看。最後，鄭小姐知道這些事情後，簡直不知該說些什麼才好。

被扯後腿時，請在衆人面前說出你的感覺

職場，和學校、家庭不同，這並不是個架構在感情上的組織，而是個徹徹底底的利益集團。同時期進公司的同事之間，在累積到一些經驗後，到了升官的時間點，往往會爲了一個位階而激烈競爭，這時若其中一位同

事正因私人生活不順，導致工作情緒突然有了變化，在這種升遷競爭白熱化的時候，就會被惡意利用。因此若不想被同事扯後腿，就算再熟，也決不能輕易與人談心，不能公私混淆。

如果你不幸被扯了後腿，千萬不要自己一個人獨自難過：「他怎麼會這樣對我……」應該立刻去找對方，並在其他同事面前大聲說：「我不知道你會這麼做，你使我感到很受傷。」是的，就是這樣說出你此刻的感覺，這樣才能防止下回又有人深受其害，被他扯後腿。

小心後面！！！

叫你小心後面
啪
他就是從後面打我的人，大家要小心！
…
啪
長得好兇喔
好可怕…

05

擊退討厭鬼5號

喜歡占便宜的人

致勝關鍵

「不能心軟答應請求，請當面拒絕」

喜歡占便宜的人，往往會爲了自己的方便，就常常插隊、擅用別人的東西、說話插嘴，做些不經大腦思考的事。如果你因爲心軟而一直對他表現和善，他就會不斷吃定你，到頭來甚至會讓你以爲，對他好是你的義務。因此，像這類人有求於你時，有時實有必要一口拒絕。

占人便宜案例

對人善意付出，不被感激，最後還被捅一刀

不久前，李小姐租到一間小小辦公室，做爲青少年問題中心。有一天，她接待了一位意想不到的客人，那是在大學時代只見過幾次面的學妹

宋小姐。宋小姐在大學畢業後，進入航空公司工作了幾年，最近遞出辭呈，她把轉行當服務講師的現況告訴李小姐，之後宋小姐便常常來找李小姐。有一天，宋小姐請李小姐幫忙，說她剛好要對幾位空姐進行講師服務教育，可是沒有適當場所，不曉得晚上時間是否能使用李小姐的辦公室。正當李小姐還在猶豫，宋小姐卻又說：「其他東西我都不會碰，只是晚上利用短短幾個鐘頭，使用這間辦公室而已，我也會分擔一些水電費。而且如果你晚上需要使用辦公室，我可以跟妳協調，調整使用時間。」就這樣，宋小姐沒給李小姐任何考慮時間，就一直拜託她，李小姐只好答應，讓這名不熟的學妹使用辦公室。

打從宋小姐開始使用辦公室的第一天，李小姐的祕書就一直反應問題，說辦公室的咖啡常常一個晚上就會全部用光、辦公室內部愈來愈凌亂等等，祕書不斷提出不滿，時間愈久，事情愈嚴重，甚至所有職員都要求李小姐解決這個問題。

李小姐在不得已的情況下，數次打電話給宋小姐，但宋小姐每次的回覆都是：「我現在在開會，可不可以晚點回電給妳？」就這樣掛斷電話，但從來沒回過電話。李小姐覺得這件事不能再這樣拖下去，有一天她特地留在辦公室等宋小姐出現，宋小姐看到學姊還沒下班，就很貼心地說：「怎麼這麼晚了還沒下班？」並且一直對她噓寒問暖，看到宋小姐的和善態度，李小姐也不敢多說幾句，就直接離開了公司。

但是問題還是沒有解決，幾個職員已經向李小姐施加了很大壓力，請李小姐直接向宋小姐拿回辦公室鑰匙，而這次李小姐也下定決心，找宋小姐說清楚，表示沒辦法再繼續讓她使用辦公室，但宋小姐卻回覆：「我就快結束課程了，妳現在才不讓我使用辦公室，那我該怎麼辦？」李小姐也覺得不能就這樣讓步：「我也沒辦法，我的職員跟我說，每天早上打掃辦公室很煩又很辛苦。」最後，就這樣向宋小姐拿回辦公室鑰匙了。可是發生這件事情之後，李小姐有次從同學會上聽到有關自己的八卦，原來是學妹宋小姐告訴別人：「李學姐太無能了，竟然被底下的職員牽著鼻子走！」就這樣，李小姐的事業也被打擊了很久。

當有人想占你便宜，當面拒絕或至少別當場答應

其實，對於不太熟悉的學妹宋小姐，李小姐根本不需要接受她的請求，應該一開始就拒絕她才對。心太軟的人一旦心軟，之後就很難拒絕對方的請

求。當然，喜歡占便宜的人，往往都會鎖定心軟的人下手。最好的應對方法，就是不要在當場接受人家的請求，而表示需要多些時間來考慮。

如果有人向你提出無法接受的請求，不要想太多，應該要立刻拒絕。喜歡占便宜的人，看到對方心軟的一面，就會一直抓著不放。所以面對這類人，請以自信滿滿的語氣加以拒絕，只要用簡單冷淡的態度說：「我沒辦法接受你的請求。」這樣就可以了。

占人便宜四部曲

苦肉計
如果你不幫我，
我會死的。
得逞
這裡是我的辦公室，當自己家不要客氣！！
威脅
幹嘛這麼小氣…
反擊
我的媽呀

把這種討厭鬼一棒揮到外太空去…

06

擊退討厭鬼6號

只出嘴不做事的人

致勝關鍵

「別幫忙收爛攤子，要讓對方自己面對」

如果和不會執行、只出一張嘴的人相處，一定得常幫他處理後續事情。可是你只要分析出這類人的特色，找出對應方法，就可替自己減少很多問題喔！這類人有三種類型：

愛吹牛、說話不經腦、空有知識的人，只會出一張嘴不做事

第一、很會吹牛的人：這類人的共通點，就是野心很大，能力不足。在很多因素下感到挫折，但又不能接受現實，所以常常會習慣性對人吹牛。這樣的人就算現在口袋裡沒有錢，但在很多人面前還是會大聲說要請客。很會吹牛的人，往往不會考量自己的能力，就無條件表示「沒問題」，

但是實際上卻因爲根本毫無能力，而無法解決事情。因此，我們不需要對這類人太過度期待。如果有一天眞的需要對方協助，只要拍拍他的馬屁，對方在能力範圍內，一定會給你一些幫助的。

第二、說話不經大腦的人：這類人只要想到什麼，就會馬上脫口而出，只有這樣他才會感到安心，所以他通常話很多。正因爲如此，很多時候他連自己說過什麼都不記得，再加上性子急，因而若在路上或別的場合發現其他有趣的事，便很容易忘記先前要做的事、要赴的約會。如果你必須和這類人做生意，建議你，用白紙黑字把重要會議的過程寫清楚，不然他會完全不當有這回事，甚至還告訴你，他從沒和你開過會。

第三、知識豐富但卻很懶的人：此類人是那種自以爲是的知識分子，很喜歡出面處理事情，但往往缺乏執行力，而且無法積極處理事情，完全得看當時的心情做事。這類人最大的缺點就是缺乏責任感。遇到要扛責任的時候，就會很自然把責任推到別人身上，因此千萬別和這類人做生意。不過，如果在生活中，你實在無法避開這些人，可別每次都幫他想辦法或扛責任，有時你得下定決心，就算事情會被搞得亂七八糟，也要讓他自己面對，讓他自己去解決事情。

只出一張嘴不做事案例

滿口答應客人的要求，卻無法做到

設計師南先生說，下午兩點會將客人要的壁紙送到，但到了中午卻一直還無法調到客人要的壁紙。事情是這樣的，前一晚南先生的工作夥伴陳先生說：「別擔心，那個壁紙我可以幫你調到，你就安心地回家休息吧！」南先生一直指責自己，不應該相信陳先生的話。陳先生是一位很有創意的人，但卻過於愛好自由，不受拘束。南先生則是做事細心謹慎的人，有時候這兩位會互補缺點，是一對很好的工作夥伴。但是，有時南先生會因為陳先生經常只出一張嘴的個性，而感到很困擾，因此正認眞思考，是否該與他結束合作關係。

以南先生的情況來說，其實他不需要破壞與陳先生之間的友誼，有時得下定決心，就算案子失敗，也要試著讓陳先生執行。不能只讓陳先生選擇壁紙，應該要讓陳先生選完壁紙後，直接去找客戶洽談，讓陳先生自己面對後續問題，如此他才會有進步的空間。

07

擊退討厭鬼7號

愛挑剔的人

致勝關鍵

「讓對方作決定，免得被挑剔又惹禍上身」

個性上有點問題的主管、婆婆，這類人往往很難用言語來溝通。這類人常會對打招呼、穿衣服、製作文件的方式等小細節非常執著，甚至會超越一般人的標準，以強調自己的基準。

愛挑剔案例

大小細節都不放過，就是要找架吵

我有個朋友，他上班場合中有個非常喜歡挑剔的前輩，這位前輩買衣服時，一定要把衣服染色狀況、釦子位置等環節確認清楚，若是當場發現問題，就會立刻向老闆反應、不斷爭吵。

我的朋友和他許多同事，都曾親眼目睹這種情況，每個人都不喜歡和這位前輩一起出門，但是晚輩們又無法完全躲開她，而且她也常常利用自己比晚輩位階高的權威，以「打招呼的方式完全沒有禮貌」、「交代過的事情都沒辦妥」等理由一直欺負人。

個性上比較挑剔的人，在成長過程中大都曾受過傷害。那位前輩是因為母親從小就對她妹妹偏心，個性因而產生變化。她的妹妹不管是功課或外表都比她出色，母親常常拿她和妹妹做比較，她在成長過程中受到了差別待遇。

面對愛挑剔的人，不妨順著他

很多心理學者也說過，小時候曾被人背叛、受到差別待遇、或是常被冤枉的人，往往會覺得這個社會的規範，根本不是用來保護自己的，於是他便規範自己所認定的秩序，形成屬於自己的保護膜。這類人會讓人感到個性很挑剔，主要原因在於，他們老是對別人強調自己的秩序。

與比較挑剔的人應對，作法是別和他太計較。就算他對你很挑剔，你只要回答：「你的方法非常好，我也很欣賞你的作法。」這樣就能讓他感到安心。

個性上較挑剔的人，通常也比較容易遭人排擠，他的內心往往很寂寞。因此就算他的主張很荒謬、沒道理，也要支持他，如此一來，對方就會打從內心認同你、喜歡你。

然而，這類人的共通點就是不相信別人，對於別人所做的決定通常都不信任，若你想和這類人保持良好關係，就算小事情也要記得問他：「這樣可以嗎？」等於是，讓他自己下最後決定，以防止衝突。

08

擊退討厭鬼8號

攻擊性強的人

致勝關鍵

「找出對方弱點，用言語反擊」

比較有攻擊性的人，氣勢通常會比較強，聲音及體格也會比別人大，所以個性比較軟弱、不積極的人站在這類人面前，便會莫名地感到害怕。也有很多人與攻擊性較強的主管或長輩相處時，總是很低調地過著日子。

不過，若攻擊性很強的人知道對方很怕他，反而會以加倍力量向對方施壓。建議你，面對攻擊性強的人，你可藉由觀察，發現他的思想並不是很縝密，因此就讓他繼續攻擊吧，這樣會比較容易看到對方的弱點，到時再利用他的弱點加以言語反擊，這樣會比較容易掌控溝通局面。

09

擊退討厭鬼9號

愛頂嘴的人

致勝關鍵

「一開始就要糾正對方」

大部分的長輩都是這樣：就算自己講錯了什麼，還是希望晚輩不要頂嘴、乖乖聽就好。不過，近來長幼有序的倫理觀念已破壞殆盡，很多年輕人根本已經直接反抗長輩，更不用說是頂嘴了。長輩有時會爲了面子，不好意思和年輕人在字面上爭執，但是當作沒聽到又會讓自己不高興。而且做長輩的，如果每次就這樣原諒年輕人，心理壓力並不會解除，反而會增加，甚至影響到自己的精神健康。

愛頂嘴案例

部屬對主管說話不禮貌，令主管傷心

愛頂嘴的人：**一開始就要糾正對方**

五十歲的中小企業總經理崔先生，不太會使用電腦，因此每次都會請女祕書幫忙。但最近女祕書卻向崔總反應：「怎麼連這個都不會？上次我不是才剛教過你？」崔總自然感覺很不好受。崔總心想，女祕書剛進公司時可是很聽話的，但現在竟敢如此取笑我。是的，崔總當然很生氣。如果女祕書對崔總說「你再試一下」之類的話，崔總可能會更信賴、更喜歡這位女秘書，然而女祕書的態度卻不是這樣。於是，心理上受到女祕書傷害的崔總，便開始找女祕書的缺點，設法想讓她離開公司。

頂嘴，是一種不容易改掉的壞習慣。喜歡頂嘴的人，就算被罵，下次還是一樣又會再犯，所以崔總想換祕書的決定，某方面來看是正確的。然而，如果無法那麼容易解雇部屬，或是常與你頂嘴的是子女，那可就不能採取這種極端的作法了！

晚輩的頂嘴習慣一定要在初期便糾正，一開始頂嘴時，不能馬上原諒，一定要很嚴格地指責他，讓他清楚知道以後不能再犯同樣錯誤。這時就不需要用同樣的話一直反覆對晚輩囉唆，只要簡單地說：「我是長輩，不可以用這種態度面對長輩。」直接點出晚輩的問題所在就行了。

如果你因爲心太軟，並未嚴厲糾正晚輩，現在私底下找晚輩說清楚也不遲，只要告訴他：「你每次都跟我頂嘴，給我的感覺非常不好。」當然，這時千萬不要一口氣很火大地講完，一定要保持冷靜，與晚輩好好溝通，如此才能改善晚輩對你不禮貌的態度。

10 擊退討厭鬼10號 滔滔不絕講不停的人

致勝關鍵 「白紙黑字寫下重要約定，以免對方只顧講沒在聽」

喜歡滔滔不絕講個不停的人，通常都不會注意聽別人說話。如果長輩有這種習慣，就算他說的內容不是很正確、很有趣，還是得全部聽完，就是這樣才使人感到痛苦。這類人最大的問題就是：不認為有聽眾存在。聽眾有時也會與之互動交流，這類人卻總是不仔細聽別人說話，因而往往容易漏掉重要訊息。

滔滔不絕案例1

在工作上自顧自講個不停，未能好好聽取客戶的需要

飾品製造工廠總經理江先生，曾爲了使用說明書的印刷很傷腦筋。事情是這樣的，說明書設計出了錯，後來嚴重影響到作業時程，而追究出錯的最大原因，就是印刷廠老闆在接訂單的時候，一直滔滔不絕說個不停，就連不需要對顧客說的話也一直說，像是作業爲何複雜、這項作業的利潤有多少等等，總之就是一直不停說話。江先生有好幾次打斷印刷廠老闆，提醒他：「ＬＯＧＯ請使用銀色」，但印刷工廠老闆卻說，銀色ＬＯＧＯ需要另外提供設計檔案，可是作業過程中，他還是忽略了銀色ＬＯＧＯ這件事。

問題發生後，印刷廠老闆卻說：「我從來都沒聽你說過要用銀色ＬＯＧＯ的事」，但江先生強調：『「ＬＯＧＯ請使用銀色」這句話我已經講了七次，你不可能沒聽到。」結果他們雙方達成協議，有關這次的損失，雙方各負擔一半。而江先生也下定決心，根據這次經驗，日後所有訂單都會以書面化處理。

是的，喜歡滔滔不絕講個不停的人，通常都不注意聽別人說話，而且總是長篇大論拼命說，講話速度也很快。如果你是一個個性溫和的人，與這類人做生意或交涉，可能很難打斷他，因此實在需要事先準備相關文件，若牽涉重要事項，一定要書面化，並且一一當面確認細節，才可能防止出錯。

滔滔不絕案例2

人際上一直講重複的話題，容易造成聽者的壓力

大企業協理張先生一向都有滔滔不絕講個不停的壞毛病，同樣的話題，部屬至少都聽過三、四次以上。張先生還自以爲說話有趣，部屬都很喜歡聽他說話，但事實並非如此，部屬只覺得如果頂嘴或反駁，會更加沒完沒了，因此多半敷衍聽一聽罷了。

如果你是張先生的部屬，壓力一定很大。若不想承受這種壓力，何不在他每次一直講重複話題時，直接告訴他：「這件事我們已經聽過很多次了，您可以跟我們說說別的嗎？」大多數喜歡講個不停的人，都不曉得自己同樣的話題到底講過了多少次，因此需要有人提示他別一直重複。當他聽見別人的提醒，雖然多少會有點不好意思，但類似情況若常發生，他也比較容易發現自己的問題所在。

即使這類人的地位比你高，直接對他說：「你剛剛說的那件事我已經聽過了。」也不算很困難、沒禮貌的事情。當然，對方聽到你這麼說，也沒有生氣的必要，因此應該會以正面態度來接受你的提醒。

11

擊退討厭鬼11號

愛毛手毛腳的人

致勝關鍵

「口氣堅決告訴對方：我不喜歡這種身體接觸」

身體接觸是一種強烈的語言方式，與你很親近的人，在不知不覺的情況下，身體自然會很靠近你。相反地，和你不是很親密的人，當然比較不會主動靠近你。肢體語言，能將一個人的心理狀態表達無遺，因此當我們發生自己不願意的身體接觸時，帶來的創傷往往比言語暴力更嚴重。肢體語言是非常抽象的，如果對你毛手毛腳的人，是主管、長輩或前輩這類權力比你大的人，那的確很難表達不滿。

但是，當有人對你毛手毛腳，你卻沒有好好處理時，對方會誤以爲你不排斥他這麼做。因此，千萬不要因爲對方權力比你大，就不敢表達不滿。通常這種非自願的身體接觸，往往都有直接的連帶關係，如果你不明確拒絕，事態可能會愈來愈嚴重，甚至可能影響你的婚姻，讓你的人生變得很不幸。網路上，有個女生分享了自己的眞實故事，我們就來一起看看吧。

毛手毛腳案例

沒拒絕黃腔玩笑，後來就被碰觸身體

「我在一個年約三十歲出頭老闆經營的酒吧打工，因爲平常店裡客人不多，所以我跟老闆獨處的時間自然很多。最讓我受不了的就是，老闆那色瞇瞇的眼神。還有他跟我說話時，常喜歡講黃色笑話，因此上班不到一個月我就想要離職。不過後來在老闆的慰留下，我只好勉強繼續上班。之後，老闆的態度還是跟平常一樣，只要店裡沒有客人，就會跟我開黃腔。剛開始，我心想下次要是再這樣，我一定會離職，但是一想到老闆的處境，以及工作不好找等原因，就一直沒提離職。有一天，下班後，我正準備去更衣室換衣服，剛好遇到老闆，他看起來好像喝醉了。接著，老闆開始撫摸我的臉跟頭髮，一直盯著我的臉看，接下來，他突然親我，我當時很想立刻離職，但老闆卻一直苦苦哀求我，不過在這種情況下，我想我再也無法繼續工作下去了。」

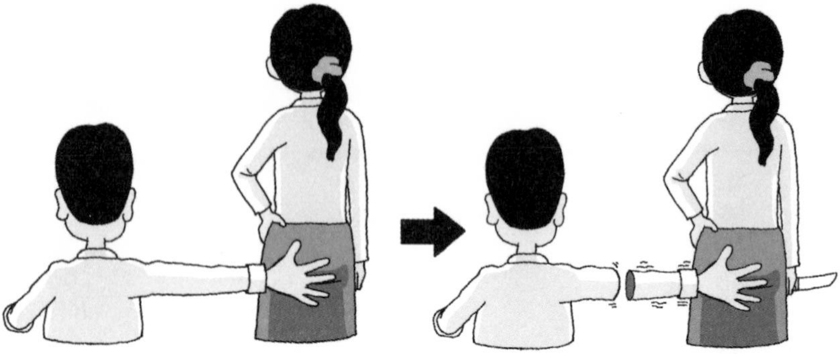

明確冷靜表達抗議，不讓對方繼續騷擾你

這個案例之所以發生，是因爲女孩沒有明確拒絕老闆開黃腔，才會發生後續這些事。如果你遇到這種情況，當老闆對你說黃色笑話時，就要立刻離職，萬一眞的有原因無法離職，那就清楚明白告訴他：「我不想聽那些話，如果你繼續講那些有的沒的，我明天開始就不來上班。」如果你不明確說出你不喜歡、不願意，對方會誤以爲，你喜歡他用那種方式對你。因此，一定要很清楚告訴對方：「我不喜歡這種相處方式或身體接觸。」

其實，有很多女職員常因男主管對自己毛手毛腳，感到困擾不已。像這種時候，千萬不能用「男生怎麼可以對女生說這種話」的態度來因應，而是要很直接說出：「我討厭有人摸我屁股！」直接把你的感受告訴對方。當然，即使你這樣說，對方的反應仍有可能是：「逗你玩的嘛，開個玩笑都不行嗎？」不過，如果你用很冷靜的聲音語調愼重表達，相信對方一定會感覺到事情的嚴重性。

12

擊退討厭鬼12號

消極、沒有企圖心的人

致勝關鍵

「引導對方發言，以激發潛能」

缺乏企圖心，是我們很熟悉的一種狀態。現代社會商業競爭愈來愈激烈，缺乏企圖心，正是弱化組織競爭力的元凶。

沒有企圖心的人，會表現得軟弱、低調、不想負責

消極、缺乏企圖心的人，在組織裡，會比任何人都還軟弱，所以會努力保持低調。當問題發生時，這類人會爲了保全自己，繼續保持低調，不吭聲，絕不開口表示願意負責。當立場尷尬時，他們則認爲保持曖昧立場，就不會有事。因此，當有人向他請求協助，他通常不會表明立場態度，等到重要決定時刻到了，也還是會盡可能保持曖昧不明。由此可知，

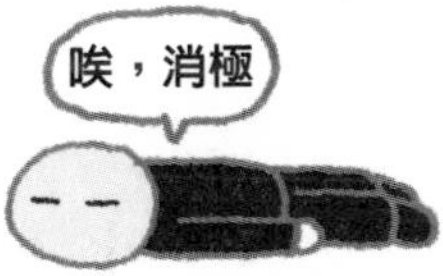

像這種消極、缺乏企圖心的人，絕對會嚴重影響整個組織的競爭力。

如果你希望團隊中消極、缺乏企圖心的人，針對某件事做決斷，在他自己主動回應你之前，你必須用沉默來催促他回覆。但這類人的個性大都比較軟弱，因此不能對他施加太大的壓力，輪流以沉默與催促方式引導他回覆，才是最好的方法。在會議上，雖然這類人往往不會明確說出自己的想法，但你至少可以讓他想清楚心中的答案，接著再引導他表達出意見。若能讓這類人變得更積極，組織的活動力一定會大幅增加。

侃侃而談自己的缺點，讓對方卸下防備心

大部分缺乏企圖心的人，個性都非常不積極，若你身爲主管，或許可私下問他一些工作上的問題，有助他了解自己在組織內扮演的角色及價值。缺乏企圖心的人通常不喜歡干涉別人，也不喜歡被人干涉，因此如果要讓這類人變得更積極一點，可以多聊一些他喜好的話題，來刺激他變得積極，也不失爲一個好方法。

對話溝通，是一種互相傳達心意的行爲，如果你先打開心房，對方自然也會跟著打開。因此，若你希望消極、缺乏企圖心的人開啓心門，那就先侃侃而談自己的缺點，讓他對你卸除防備心。

13

擊退討厭鬼13號

憤世嫉俗的窮人

致勝關鍵

「別在他面前說他窮，戳人痛處」

許多手頭很緊的人內心都會有陰影、感到自卑，有時我們也會遇到這樣的人，因此，積極了解這類人的內心，也是很必要的。

手頭很緊的人自尊心都很強，這類人即使認定自己是「窮人」，也不允許別人說他「窮」。他們爲了合理化自己的處境，讓自己好過點，常常會把「有錢人都是利用不正當的手法來賺錢」、「能不能變成富翁全憑運氣」、「有錢人都是含著金湯匙出生，所以才不用吃苦」這些話掛在嘴邊，就這樣一直憤世嫉俗地看待世上的有錢人。

手頭很緊的人，自尊心通常強硬得超乎想像，所以當他遇到困難時，絕對不會去找有錢人幫忙，他還是會去找同樣經濟層次的人，請求幫忙。

請不要在手頭很緊的人面前，誇耀自己的財富

如果你有機會和手頭很緊的人一起共事，最好別在他面前誇耀自己多有錢，而且還要注意以下幾件事：第一，這類人雖然大都很羨慕有錢人，但在內心深處，其實是很看不起富翁的，因此在某些時候，你有必要和他一起批評有錢人，讓他覺得，你和他是同一國的。第二，手頭很緊的人很討厭別人說他「窮」，因此不管是直接或間接，都不要去提他的痛處。

此外，手頭很緊的人通常不希望讓人知道他很窮，所以有時會反其道而行，不顧自己的經濟能力，購買一些高價位的東西。如果你是個販售高價位產品的業務員，建議你別看不起這類人，你若能與他建立起很好的關係，他可是會像有錢人一樣捧你的場，讓你有出乎意料的業績也說不定。

14

擊退討厭鬼14號

愛搶功勞的人

致勝關鍵

「把工作分配記錄下來」

職場上，很容易看到爲公司建功、對主管拍馬屁而升官的人，然而功勞明明就是你的，但升官的卻不是你。所以，在你爲公司效力某個專案之前，必須先了解怎麼做，才不會被人搶走功勞。

說一個我自己的例子，我是韓國最先採用從美國PI (Personal Identity) 概念，並接受西江(Sogang)大學言論研究所聘請擔任三年講師的學者。不過，曾經有位講師，他註冊來上我的課程，卻偷走了我上課用的課程創意，並宣傳自己是PI專家，當時其他上過我課的人都知道這件事，但一般人卻不知道事實眞相。很多朋友知道這件事的嚴重性，他們都勸我想辦法對付這個人，可是我知道已經被人搶走的創意，是無法補救的，於是就對朋友說：「如何偷走別人的創意，把自己扮演成一個專家，這也算是一種能力。」也因為我有這種經驗，所以我很想告訴大家，怎麼做才不會被人搶走自己的功勞。

搶人功勞案例

與人分工合作專案，發表簡報的人卻搶走功勞

有一家廣告公司的社長，他因為景氣不好，業績一直下降，便要求每個職員要想辦法提升業績，並整理成報告給他。如果有人提出不錯的辦法，便可以升官。徐先生和李先生，兩人是同時期進公司的同事，並一直共同負責專案，這次兩人的分工方式也如同以往，創意及視覺相關資料由徐先生負責，而準備簡報資料及發表簡報工作，則由李先生負責。不過，由於這次面臨升官問題，李先生的態度便和以往完全不一樣，發表簡報時，甚至還對大家說：「我為了構思這個創意，還花了不少錢，請在競爭對手那邊工作的朋友吃飯、喝酒。」他就這樣搶走了徐先生的創意功勞。

通常，多人一起準備重要性高的簡報時，事先都會同意在簡報資料上載明創意者的名字，或以「我們小組」等各種標示傳達資料來源。而且，

如果在發表簡報時，你發現代表小組發言的人想搶走創意功勞，其實可以立刻舉手對大家說：「原來的創意不是那樣的，這才是正確的創意……」這樣一來，你或其他人的功勞就不會輕易被人搶走。

美國有句俗話說：「輸的人只會碎碎唸。」(Losers always are whispers)如果你不想被人偷走功勞，重要的事項，請一定要在文件上做紀錄，這才是最保險的方法。

15

擊退討厭鬼15號

無法做決定的人

致勝關鍵

「告知利害關係，有助他做決定」

無法做決定的人，比容易發脾氣的人還難對付。因爲不管是大事或小事，這類人在決定性時刻，往往無法下決定，就算已經下了決定，也常常會反反覆覆。

大部分無法做決定的人，都很會計算利害關係，當他先做完利害評估，往往會爲了愛面子，而不在別人面前提自己算好的結果。這類人下不了決定時，他身邊個性比較急的人就會慫恿他下決定，可是一旦事情發展得不順，要負起責任時，這個當時一直無法做決定的人，就會牽拖，認爲是那個慫恿他下決定的人該負責。

因此，如果你的合作夥伴是個無法做決定的人，千萬、絕對不要幫他做任何決定，你一定要引導他，讓他自己做最後決定。大部分無法做決定的人都很自私，如果你能向他強調，某某決定會獲得最大利益，或是會造成很大損失，這樣比較容易幫助他下決定。

無法做決定案例

主管猶豫不決，將責任推給部屬

劉先生在一家出口家電用品的大企業上班，他爲了開拓東歐市場，前往東歐進行市場調查，調查完畢回到國內後，便把自己的意見及建議提給公司，但這時負責東歐市場的協理卻說：「要選定市場，還需要一大筆廣告費……」、「應該要採用東歐人比較喜歡的操作方法……」就這樣，他的協理只會提出問題，而不做決定，實在很令人反感。其實，那位協理平常就是因爲個性猶豫不決，讓很多部屬都很討厭他。

劉先生的想法是，若想在東歐市場上與人競爭，一定得先選定市場，因此逼著一直無法下決定的協理說：「我們先這樣做做看吧！」就這樣，決定說出了口。但因爲太過於躁進，缺乏宣傳時間，而嚴重影響到業績，協理於是指責劉先生說：「這就是你自己下決定的結果。」

無法做決定的人，總是會想盡辦法迴避責任。所以對別人來說，非常緊急的事情，他卻一點都不著急。但如果這件事情的責任需要由他來扛，他的態度就會完全改變。因此，遇到像劉先生那種情況時，你只要對協理說：「如果產品上市時間無法趕上市場需求，你會負起責任嗎？」把決定權交給對方，就對了。

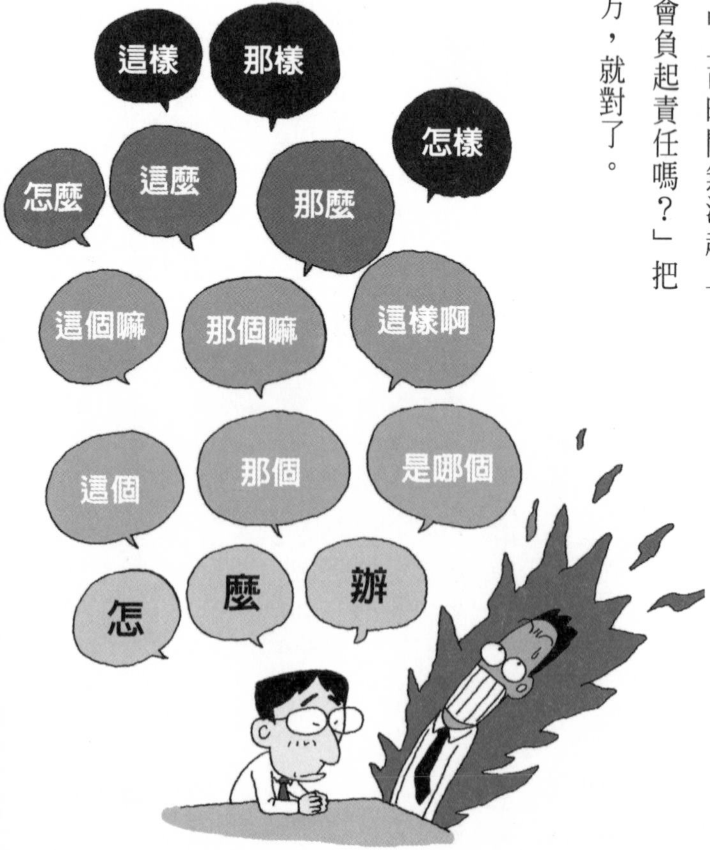

16

擊退討厭鬼16號

愛囉唆的人

致勝關鍵

「反問他：那你覺得該怎麼解決比較好？」

大部分愛囉唆的人都很清楚知道，別人其實很討厭聽他這樣囉囉唆唆的。而我們會對一個人囉唆，通常是因爲關係很親密，才會做這樣的事。

愛囉唆案例

家人之間愛囉唆，因爲那是愛的忠告

就像父母要求孩子要好好讀書、太太叮嚀先生下班後要早點回家、子女要父親少抽菸等等囉唆，對囉唆的人而言，這並不是單純的囉唆，而是帶著關愛的忠告。因此，大部分愛囉唆的人，如果被你拒絕關愛，會使他感覺自己的心意被拒絕。此外，如果愛囉唆的人覺得你很明顯是在躲他，

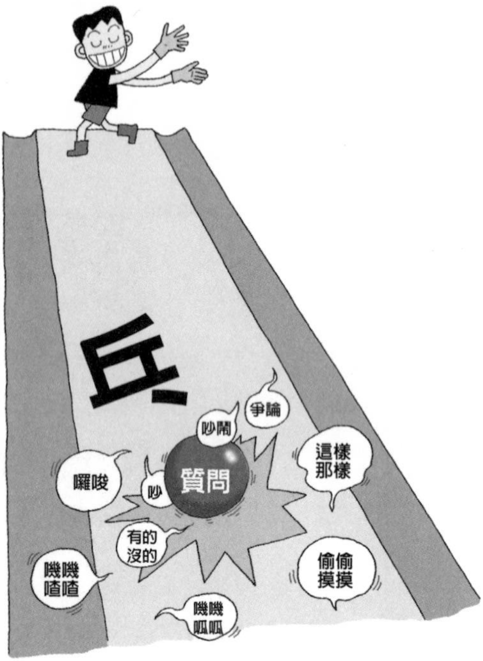

他就會想別的辦法來表達自己對你的愛，而且會繼續不斷地囉唆下去。

接受囉唆的人，幾乎都知道對方爲何要囉唆，只是囉唆的內容可能是他無法接受或解決的。因此，大部分的囉唆，都是當事人不用聽也知道的內容。但是對愛囉唆的人而言，你愈是故意不聽他囉唆，他愈會一直反覆囉唆到底。所以你若拒絕他，只會更激烈地增加他囉唆的程度。

建議你，雖然你不想聽這些囉唆的話，但有時還是試著認眞聽聽看吧！但不用聽完，其實只要在話中提出一個疑問，就用不著再繼續聽這一長串的囉唆了！愛囉唆的人有一個共同點，他們對你提出的要求，通常比事情該怎麼處理來得多。如果你問他，事情該怎麼解決，就比較容易打斷他的囉唆。如果他向你囉唆「這樣……那樣……很不好」之類的擔心，你或許可這樣反問：「那你覺得該怎麼解決比較好？」如此一來囉唆便會中斷。

17

擊退討厭鬼17號

說人壞話、說話帶刺的人

致勝關鍵

「直接回應，不要忍氣吞聲」

在職場上，位階不高不低的人、或是對晚輩一點影響力也沒有的人，如果對人產生不滿，通常沒勇氣直接表達感受，而喜歡在背後說人壞話，或是故意話中帶刺，拐彎抹角傷人。這種行爲都是因爲沒勇氣把話說清楚，才產生的壞習慣。但是在背後說人壞話，或是話中帶刺的言語，當事人知道或聽到，只會更加生氣。

這類不喜歡直接把話說清楚、而喜歡說些有的沒的人，通常不知道自己的態度會替別人帶來多大的困擾，因此不需要再對這種人仁慈，一定要明確表達你的想法。

說話帶刺案例

婆婆總是對高學歷的媳婦，冷眼冷語挑剔

來自高學歷家庭的孟小姐，對於在市場賣水果的婆家父母，時常喜歡說些很尖酸刻薄的話，感到很不滿，甚至已嚴重影響夫妻關係，目前正考慮離婚。孟小姐的婆婆看到她連蘋果都不會削，每次都話中帶刺攻擊她：「還是讓伺候公主的我，來削蘋果比較好啦！」而每次孟小姐替婆婆準備餐點時，婆婆就會說：「為了很會讀書的媳婦，我們的口味也得跟著變，這樣我們遲早會營養失調。」就這樣，一直用尖酸刻薄的說話方式來攻擊孟小姐。

孟小姐當然不能直接對婆婆表示不滿，所以有時會向朋友抱怨。其實，如果婆婆不滿意孟小姐削蘋果的方式，可以換個方式說：「蘋果不是那樣削的，這樣削比較好。」或是，如果她不滿意孟小姐準備的餐點，可以說：「妳準備的餐點不太適合我們的口味，再多加點鹽巴可能會更好。」如此提醒，便能誠懇糾正對方的問題。但婆婆每次那種話中帶刺的攻擊法，已經讓孟小姐忍無可忍了。

就事論事表達意見，不要再忍耐

其實，孟小姐並不需要忍耐婆婆對她的尖酸刻薄，而是應該向她對朋友發牢騷一樣，直接讓婆婆知道她的感覺，如此事情也不會惡化到考慮離婚的地步。像是，當婆婆用「公主」酸溜溜地稱呼孟小姐時，她可以這麼回應婆婆：「我是公主，所以真的不會做，還是讓公主的婆婆來做比較好。」而當婆婆嫌棄孟小姐的烹調口味時，她也可以如此回應：「如果您一直這樣說我，我的烹調方法還是沒辦法改變，這樣您的損失會更大。所以，還是請您告訴我，家人喜歡的料理口味與料理方法，這樣對您也很好，不是嗎？」如此直接回應，會比忍氣吞聲好。

當然，婆婆對她如此的反應，剛開始一定會很生氣：「書讀得多的人，就會這樣對婆婆頂嘴。」但是媳婦要傳達的意思，她一定會懂的。

在職場上也是一樣，當主管或同事用話中帶刺的方式攻擊你時，千萬不要一直忍氣吞聲，這樣會讓自己內心的壓力愈來愈大。若你能用就事論事傳達你的意見，就比較容易解決問題。

18

擊退討厭鬼18號

喜歡抱怨的人

致勝關鍵

「反問他：你覺得事情該怎麼做才能解決？」

若生活中，我們眞的事事都要抱怨，從早上起床到晚上睡覺，肯定有抱怨不完的事。媒體每天都有報也報不完的犯罪報導，就像每天都人擠人的地鐵、凹凸不平的馬路、不平等的社會制度、無法溝通的主管等等，每件事都無法讓人生活如意、平心靜氣。

喜歡抱怨的人，很容易爲了小事而表達不滿，這樣的人在職場上，自然也很容易一整天因爲一些不滿，抱怨個不停，像是「公司制度很爛，對員工的福利也很差」、「我又不是他的奴隸，怎麼會讓員工負這種責任」之類的話。這種人在家裡也同樣喜歡抱怨，「這道菜的味道怎麼怪怪的」、「爲什麼要我做那些事情」這些不滿的聲音，永遠不會有平息的一天。

人們喜歡抱怨，是爲了紓解壓力

喜歡抱怨的人，之所以會一直不停抱怨，主要原因在於：紓解壓力。當然，他也不見得是爲了想解決問題，才喜歡抱怨，所以千萬不能對他說：「不要再抱怨了！」之類的話。那麼，究竟該如何與這類人溝通，才能讓他稍稍閉嘴呢？「請問，你覺得該怎麼做事情才能解決？如果有更好的解決方案，麻煩你告訴我。」如此反問對方有何解決方案，這樣一來，這類通常只會抱怨、而說不出解決方案的抱怨大王，抱怨次數一定會慢慢減少。

19

擊退討厭鬼19號

愛批評的人

致勝關鍵

「不需動怒，提出正當理由反擊」

每個人的記憶力都有限，免不了會在無意間犯下一些糊塗錯，讓自己陷入不知該如何是好的窘境。像是：突然有急事趕著出門，匆忙間把鑰匙忘在家裡，就把大門給鎖上了；或是與人相約的時間快到了，卻一直找不到車鑰匙，開車赴約；或是到大樓停車場取車時，忘記自己把車停在哪個樓層；或是因爲有些地方沒去過，即使只是很單純的路程，也還是找不到路……。

遇到前述類似情況，手忙腳亂乃人之常情。可是如果剛好家人、同事在一旁，他們通常都會出現：「你到底是怎麼搞的？」反應，然後就開始一直批評你，囉唆唸個不停。一般來說，人在這種情況下被批評，通常比較無法忍耐，因爲自己又不是故意的。但如果和批評你的人槓上，事情一定會沒完沒了。因此，如果想趕緊把事情處理好、解決妥當，就不要和人爭吵，而要用很愼重的態度說：「我現在心情也很煩，先等我處理好再說。」這樣回覆，才是最好的作法。

愛批評案例

信用卡公司職員，催繳卡費很沒禮貌

以前，我曾經營過規模較小的公司，初期因爲收支平衡沒抓好，在不得已情況下，信用卡卡費遲繳了，當時信用卡公司職員一直打電話來催繳：「你怎麼都不還錢？」我完全不能接受那個職員的態度，好像我故意不繳卡費似的。更何況，卡費沒繳，要多繳循環利息的人，不是他而是我，之後若變得信用不好的人也是我，所以我就更不滿那個職員對我的態度了。我對他說：「循環利息也是我來繳、信用不好的人也是我，你要替我繳循環利息嗎？不然，就請不要這樣一直說個不停。」結果，對方的態度就變得很有禮貌。如果那時候我很生氣地對他說：「我爲什麼要聽你說這些？」相信對方一定會用更惡劣的態度攻擊我。

面對家人的關懷批評，以退爲進求諒解

當有人批評你的時候，千萬不能反以情緒性的字眼硬跟對方槓上。如果你眞的忍無可忍，請不要直接發脾氣，只要說出你不需要被批評的正當理由，並且用正經嚴肅的態度仔細說明即可。

至於家人對你的批評，其實代表他們對你的愛。但如果從客觀角度思考，當然會感覺到被看不起或不信任。在這種情況下，其實只要在對方開始責備批評你之前，先下手爲強地說：「我又出紕漏了，你想打我的話就打吧！」最好自己先認錯比較好。若和家人一起外出吃飯，不小心把鑰匙忘在家裡就直接鎖上門，或是忘了車鑰匙放在哪裡而無法赴約時，這時若先以退爲進、垂頭喪氣地說：「爲什麼我每次都會這樣？」相信家人一定會對你說：「不用擔心，慢慢找吧！」

擊退討厭鬼20號

態度突然變冷淡的人

致勝關鍵

「直接找對方問原因」

如果你覺得自己沒做錯事，但平常與你很要好的人，突然變得相當冷淡，雖然你心裡很想知道原因，可還是不好意思直接問他：「我做錯了什麼嗎？你爲什麼這樣對我？」也因此，你通常都是自己試著找出問題，但在這種情況下，大部分的人往往都找不到問題出在哪裡，彼此的誤會只會愈來愈深。

態度突然變冷淡案例

爲了面子問題，多年好友突然躲避我

以前，也有個老朋友突然對我變冷淡，爲此我一直耿耿於懷。當時，我一開始也沒去問眞正原因，而是自己擠破頭想，但我怎麼也想不出原因，便下定決心鼓起勇氣問他，他稍微猶豫了一下，就很坦白地說，他兒子大學落榜，但因爲不想和我讀名校的兒子比較，所以下意識想躲避我。當時，聽到後，我很能理解他的心情，所以我們還是能夠維持以前的友情。但如果我一直都鼓不起勇氣找他問眞正原因，我們幾十年累積下來的友情，一定會劃下句點吧！

找出正確的原因，才有辦法找出正確的解決方案。所以當你的親朋好友突然對你變得很冷淡，千萬不要自己一個人悶在心裡，一定要面對現實，找他問出正確的原因才行。

人際關係就是這樣，問題發生時若不及時解決，就很容易產生更多的問題。因此，結論是，你不需要試著自己去推測原因，直接找本人問清楚，才是最好的方法。

21 擊退討厭鬼21號 裝模作樣的有錢人

致勝關鍵 **「一定要充分表現自信，不能氣短」**

書店裡，很容易就會看見那種「如何變成有錢人」的書籍，我們一般老百姓當然都很想變成有錢人，但相對地，也討厭這些有錢人。當然，有錢人也很了解目前的社會風氣是笑貧不笑娼，所以他們便經常在不知不覺中，表現出裝模作樣的態度和舉動，使一般人對他們感到很討厭。

有錢人案例 1

繼承遺產的富翁，通常是個一毛不拔鐵公雞

如果你不想被有錢人傷害自尊，首先就必須了解他們的心理。因爲繼承萬貫遺產而成爲富翁，和那種靠自己白手起家的富翁，心理是完全不一樣的。

繼承遺產的富翁，通常是從小一路被人伺候長大，因此他們會散發出一種穩健和穩重的態度。但也因爲從小就開始被教育「要好好守住自己口袋的錢」，所以一旦提到與金錢有關的話題，他們就會變成鐵公雞。像我們這種普通老百姓，看到他們如此鐵公雞的態度，當然會覺得很生氣，但是以他們的立場來看，這是很理所當然的反應。

這類人，從小就被父母控制，尤其是在花錢方面，可說是比任何人都還小氣，一提到金錢，馬上就會變成一個膽小鬼。雖然他的父母對於教育相當重視，這可讓他學習很多方面的知識，讓他成爲教養豐富又有內涵的人，但對於和金錢相關的事情，他們則會變得格外低調，也會更變得一毛不拔。也因此，若你想向這類繼承遺產的富翁請求投資或捐款，自尊比較容易受傷害。也就是說，若因爲有求於他，而請他吃飯，通常都不會有成果，只會花冤枉錢罷了；但若請他協助不用花錢的事情，對方便會很願意幫忙。此外，不妨換個角度想，由於有錢人的人際關係比一般人廣得多，有求於對方時可換個方法，不妨請他介紹一些人幫助你，在這種情況下，對方通常會比較樂意爲你引薦一些人。

他就是中小企業界的傳奇人物，傳說中的英雄…
歡迎盡量稱讚我

有錢人案例2

白手起家的富翁，喜歡花大錢彰顯自己

至於白手起家的富翁，他們平時是出了名的鐵公雞，但遇到和自己名聲有關的事情，出手之大方，遠超乎我們想像。像是爲了當一個毫無意義的社會組織會長，他們便會願意拿出一大筆捐助金。甚至，爲了彰顯自己的品味，買起古董也毫不手軟。這類人和繼承遺產變成富翁的人大不相同，只要遇到能夠彰顯自己的事情(好大喜功)，就算要花再多心思、再多金錢都願意。

不過，這類人一路走來賺錢非常辛苦，所以個性通常是遇弱則強、遇強則弱，看人、看事很重「表面」觀感。你若有求於他，一定要拿出自信，在他面前，就算是不可能辦到的事，也要理直氣壯面對，才能加以說服。要是你表現得很沒自信，就算原本成事機會很大，也很容易因爲你自信不夠，而使事情破局，並使你的自尊很受傷；別忘了，這種人遇弱則強。

22

擊退討厭鬼22號

沒禮貌的人

致勝關鍵

「冷靜溝通，直接把話說清楚」

和一大群人相處，有時需要學習讓步。基本讓步是一種禮貌，但有些人就是連這種小小禮貌都不能遵守，才更令人生氣。

站在電梯口前擋住正在下電梯的人、在公共場所一直抽菸污染空氣的人；在餐廳大聲講話的人；在小巷子走路一直撞人的人；在電影院動來動去、不考慮到後座觀眾視野的人等等，我們身邊就是有很多這類不懂禮貌的人。

對於這種一點基本禮貌也不懂的人，眞不知該從何說起，但是不讓他明白自己的行爲沒禮貌，卻會使在場更多人感到不愉快。如果想和這類人和平相處，一旦他又表現得沒禮貌時，千萬不要開罵：「怎麼一點禮貌都不懂！」而是要加以提醒，不遵守禮儀會造成很多人的不便。

沒禮貌案例

公共場合中，有些人總是很自私，不顧別人感受

有些不懂禮貌的人，根本就不理會別人的眼光，也因此比較不容易接受別人的忠告或建議，或許你得採用自然一點的方法加以提醒，會比較適合。例如，你可以對那些在公共場所抽菸的人說：「不好意思，我的氣管不是很好……」對那些在電影院不考慮到後座觀眾視野的人說：「我的個子很矮……」之類的話，用這種方式與對方溝通，比較不會發生不愉快。

不過，有時候即使你好言相勸，也會被這類人取笑，這時千萬不要把氣悶在心裡，而應該用更鄭重的態度說：「我不喜歡煙味，請你不要抽菸，或去別的地方抽」、「你的個子太高而我的個子太矮，所以我在後座看不到銀幕，麻煩你調整一下姿勢」就像這樣，直接講也沒關係。不過，有時候說話太情緒化、太直接，也可能會影響到對方的心情，因此溝通時不需帶任何感情，只要很冷靜地說就可以了。

此外，與家人之間的禮貌也非常重要。每次祭拜祖先時，弟弟妹妹總是在差不多快結束時才出現，從頭到尾都不幫忙。還有，只會出一張嘴、一直囉唆個不停的小姑與婆婆，每次都不遵守家人之間該有的禮儀，常常讓我感到很不舒服。

一般來說，生氣的時候不能一直忍氣吞聲，愈忍，心理矛盾就愈大，日子久了實在也無法和家人好好溝通。因此，當家人之間沒有以基本禮貌相待時，請直接反應，但千萬不能對對方生氣，要很冷靜地溝通，問題才容易解決。

23

擊退討厭鬼23號

自以爲是的人

致勝關鍵

「讓他有面子，自然好辦事」

自以爲是的人，大多是沒自信的人。通常自以爲是的人，不管出席哪一種場合，都會想以自己的方式來主導整個場面，而且還會很臭美地以爲：「如果我不出面，一定不會有搞頭……」和這類人相處，因而顯得很痛苦困難。

不過，如果你能抓住與這類人相處的重點，自然能輕鬆掌控溝通局面。自以爲是的人，最重視的就是面子、名聲，他們往往不考慮別人的立場，也不給別人發言的機會，這是因爲他們不想讓人發現自己有幾分斤兩。如果你想掌控溝通局面，就算心裡不認同，但爲了得到利益，那你就必須顧及他最重視的面子。

自以為是案例

停車場管理員喜歡刁難別人

前一陣子，我很討厭去市公所辦事，因爲每次去，都會和停車管理員爭吵。市公所大部分的停車管理員都會對我說：「太太，這裡是固定的停車位，妳去別的地方停車！」就這樣，很沒禮貌地拿出自己的權力，威脅別人。

不過，我還是以談話專家的專業，研究出如何在不爭吵的情況下，獲得勝利的方法。我後來換了個方法對管理員說：「我想，依你的能力，應該可以幫我找到不錯的停車位才對……」後來，不論我去哪個停車場，停車管理員都會幫我找到停車位。

24

擊退討厭鬼24號

自私的人

致勝關鍵

「和他保持距離，也要懂得用心機」

所謂自私的人，就是不顧別人立場、只懂追求自己利益的冷血動物。這類人多少有點固執，而且通常不太願意接受別人的忠告和建議，也不會顧慮別人的看法，做事情總是我行我素。自私的人爲了主張自己的意見，因而需要各方面的知識來旁徵博引，所以學歷較高的知識分子，往往是常見的自私主義者。

大部分自私的人，都會毫不考慮地向別人借錢或請求幫忙，但幾乎都不會回報別人，而且自己絕不會接受別人的請求。所以，有時和這些自私主義者談生意，那種一直被占便宜的不愉快心情，實在很難釋懷。對付這類人，要學會盤算，才是最聰明的。

注重人際關係的你，一定不喜歡每次都和別人斤斤計較，可是如果你對這些自私主義者太好，倒楣的就是你自己。因此，一旦發現對方是自私主義者，就算他會帶給你很大的利益，還是要與他保持距離。

自私案例

同事經常要我幫忙，但要他幫忙卻一口回絕

在中小企業研究所上班的車先生，就有一段被自私主義者欺負的故事。大學時代，大部分的學生都過著宿舍生活，畢業找到工作後，才開始租套房自己一個人住。但來自鄉下的車先生，來到首爾唸大學後，便開始自己住在外面。開始工作後的他，也因爲自己單身一個人住，沒什麼家庭顧慮，便經常替同事加班，像是同部門的崔先生便常常請車先生替他加班，甚至搬家時，也請車先生幫忙。

最近，車先生在老家高中剛畢業的弟弟，爲了讀首爾的大學必須搬來一起住，因此車先生決定搬家。雖然他的東西不多，不需要請搬家公司幫忙，不過自己一個人搬東西還是有點吃力，因此車先生才會想請崔先生幫忙。車先生認爲，自己以前幫過崔先生很多次，所以覺得崔先生一定會幫

忙，可是崔先生卻一句話就拒絕了車先生的請求。車先生雖然很生氣，但看到崔先生那種冷淡的態度，也沒多說一句話。

如果是你，一定會氣得和崔先生計較。但自私主義者大多是很會算計的人，不過你還是可事先盤算周全，倘若對方拒絕幫助你，但他基於得償還過去欠你的人情債，日後便可能不會再請你幫忙了。

自私主義者，絕不感性、感情用事，一切以利益為前提

面對自私主義者，可鄭重拒絕他私人的請求。當然，若你願意幫助他，你也可先把話說在前頭，要求與他保持公平互惠的關係。如果在不得已情況下，你非得和這類人談生意，絕不能靠人際關係或感性來處理事情，因為大部分的自私主義者幾乎不吃感性、感情用事這一套，所以你得準備一些冷靜客觀的資料，才可能說服他。

大部分的自私主義者，只要覺得事情發展不符合自己的利益，隨時都有可能爽約。就算他已在合約書上蓋印，也會當作沒這回事，因此合約內容履行前，絕對不能移轉權利，只有經過正確的判斷及計算後移轉，你才不會吃虧。

25

擊退討厭鬼25號

不專心聽人說話的人

致勝關鍵

「發言簡單明瞭，可用書面資料表達重點」

認真聽別人講話，就是尊重對方；換句話說，當對方不專心聽你說話，你一定會覺得不受尊重。有些人甚至喜歡和別人說話說到一半，就跑去找第三人說話，或打電話給別人，這些舉動給人的感覺都很不好。但還是有很多人，不專心聽別人說話。

不過，發言的人如果很有影響力，大家當然會很專心聽他說話。但即使你不是很有影響力的人，說話時，若能咬字清楚，說出重點讓大家了解，還是會有很多人專心聽你說話的。

人們不專心聽人說話的主要原因在於，對方說的話不有趣，或是根本看不起對方。如果你不想被人看輕，發言時，儘量簡單明瞭說重點；有必要時，也可保持沉默，集中大家的注意力。

如果你沒勇氣理直氣壯地發言，也可準備視覺資料傳達重要訊息。如果你必須和不注意聽你說話的人一起合作，眞的建議你準備一些視覺、書面資料，會比較有助事情的推展。

26

擊退討厭鬼26號

看不起人的人

致勝關鍵

「用自若輕鬆神態，加以反擊」

即使你自認不是很優秀的人，但如果有人看輕你、歧視你，還是會覺得很生氣吧！你沒當場發脾氣，並不代表你不生氣，而是你可能沒勇氣表達你的情緒。被看輕、歧視所引起的忿怒，是非常激烈的。如果忍耐，很容易會演變成心理疾病。因此，當你受到這種對待，而感覺內心很受傷，千萬不要忍耐，一定要勇敢說出：「你不應該看不起我。」

如果看輕你的人，是主管、同事、父母這些和你很親近的人，但他們事後若眞誠對你說：「我不是故意的。」那就原諒他。但如果對方就像你所感覺，是眞的故意看輕你，並且因爲被你發現而惱羞成怒：「什麼話？我什麼時候看不起你了？」說眞的，他們也只是拉不下臉道歉，想就這麼虛張聲勢地把問題帶過去。不過，別擔心，事情演變至此，想必他也清楚知道，你已發現了他的態度，所以日後他一定會慢慢改變對你的態度。

看不起人案例

在公共場所，因外表奇特而受到異樣眼光

另外，如果你因爲外表、穿著，而在公共場所受到歧視，想必也很難直接向對方抗議：「你不應該這樣對我！」但你還是可以用別的方法，痛快反擊。例如，高級飯店的員工看到你開著破破爛爛的車子，用瞧不起的眼神看你；或是你的外表比較特別，很多人用奇怪眼神看你時，你不需要覺得自己很差勁而垂頭喪氣，相反地，應該以理直氣壯的態度去對待那些人才是。如此一來，他們就會明白，看不起你、歧視你，是無法將你打倒的。

辦公室為什麼要我打掃
為什麼所有的事我都得做？
你又不是沒有手，那是你的客人，幹嘛叫我接待？
我不是為了幫客人泡咖啡，才來這裡上班的
我要立刻遞辭呈，請不要慰留我！
我不想在這種地方上班了
我應該要這樣說出來才對…
吼！你勇敢一點好不好

27

擊退討厭鬼27號

不講理的人

致勝關鍵

「先讓他盡情亂罵，再找出話中弱點反擊」

發生車禍事故，明明就是自己的錯，還大聲罵對方；一個主管爽快批准案子，結果推行成效不如預期，就把所有責任都推給部屬；業者賣出有瑕疵的家電用品，還對消費者說：「是你自己使用不當，導致故障」……。前述這些不愉快的類似情況，相信很多人都遇過。遇到這種情況，很多人通常都不想把事情鬧大，因此，雖然很不服氣，但還是默默接受了對方的不講理。

不講理的人，喜歡先聲奪人把責任往外推

可是，當家人或同事對你不講理，是不太可能每次都加以退讓的。就算你願意每次都相讓，相信你心裡一定也不好過，如此也較容易受到精神

傷害。而且，為了保持親朋好友之間和諧對等的關係，也需要想辦法解決這類問題。

不講理的人，很容易把不利局面推給對方，所以你不能正面和這種人對抗。最好的方法是，先讓他盡情地蠻不講理，接著找到他的弱點，再用短短一句話來反擊，以重新掌控溝通局面。也就是說，你得先專心聽他扯些不講理的話，找到話中的矛盾點，並予以強烈反駁就行了。

不講理案例

發生車禍事故，對方一味大聲罵人，不問對錯

有一次，我在某家銀行辦完事，在開車回家的路上，不小心和其他車輛發生小擦撞。發生事故後，一個年約二十歲出頭的駕駛就立刻下車跑過來，很大聲地說：「太太，妳到底會不會開車啊？」當時，我被他那種態度壓迫到什麼話都不敢講，對方看到我畏懼的樣子，反而更理直氣壯地說：「妳要怎麼賠償？這都是妳的錯。」這時我很冷靜地跟他說：「叫警察來解決事情吧！」接著，我便準備用手機打電話報案，但他卻不讓我打電話，還說：「太太，我沒有美國時間在這兒跟妳耗，我們快點決定怎麼

處理吧！」他就這樣一直催促我。

後來，我再也無法忍受他這種無理取鬧的態度，便很生氣地說：「我也不想浪費時間在這裡跟你耗，但因爲你一直說是我的錯，所以我必須找警察評評理啊！」對方看到我正直嚴肅的態度後，就不再繼續爭辯下去了。

如同前述案例，不講理的人通常都不會先認錯，只會想盡辦法、虛張聲勢，把所有責任都推到別人身上。他對自己的不講理，感到很理所當然，當然不可能覺得自己的態度有問題，因此可不能和他一樣，以罵人或大聲說話的方式來對抗，這樣可能會產生反效果。

此外，對於賣出瑕疵產品的商家，就請消基會來解決問題。你的主管若推卸責任，就找機會把主管這種態度，用八卦方式輕描淡寫地讓更高階主管知道，這樣就能解決你的危機了。

Chapter 2 贏過討厭的情況

28

擊退討厭的情況1號

辦公室戀情結束，卻得一起工作

致勝關鍵

「當眾宣布：從現在開始，我們是好朋友」

年輕上班族幾乎一整天都在公司裡，沒什麼時間認識外面的異性，再加上公司多少會有聚餐能與同事私下相處，因此辦公室戀情顯得相當普遍。

辦公室戀情的好處雖多，但如果分手可能會留下一些後遺症，那就是，當初和別部門的同事交往，但後來卻因人事調動，而隨時可能變成同部門同事。因此，辦公室戀情結束，雙方如果希望在公司裡還能自然相處，就必須妥善處理彼此的關係。西方人在離婚後，通常能夠維持朋友關係，但東方人戀愛分手後，幾乎都會變成仇人，所以最重要的，就是後續處理方法。

情人分手一起工作案例

發現自己對他仍有愛意

服裝設計師趙小姐在兩年前的公司旅遊中，與公關部成先生認識後，就開始單戀他。大概在三個月前，趙小姐傳簡訊向成先生表白好感，並約他出來吃飯，之後兩人的關係就變得愈來愈親密。

年紀快要三十歲的趙小姐一直被家人逼著結婚，可是同年紀的成先生聽到趙小姐的煩惱後，就很明確告訴她，自己目前還不想結婚。

趙小姐認爲成先生不把自己當成結婚對象，心裡感到很難過，經過多次思考，決定放棄成先生，另外接受了朋友介紹的男

我們兩個之間已經沒有什麼了
…應該要這樣說才對…

性。幸好趙小姐的新對象，在各方面的條件都很不錯，所以她很快便忘記與成先生之間的不好回憶。

不過，因爲公司內部組織調動，公關部與服裝設計部要合併。當趙小姐再次遇到成先生，才發現自己對他仍有愛意。在慶祝部門合併的聚餐餐會上，趙小姐一直無法自然面對成先生，並開始擔心未來得和他一起工作。

宣布兩人愛已成往事，讓大家和彼此無任何想像空間

如果我是趙小姐，應該要在部門合併前，就找成先生一起向大家說清楚兩人之間的關係早已結束。「從現在開始，我們是好朋友。」若能這樣說清楚，相信在那一瞬間，她對對方的眷戀也會跟著一起消失。在大家面前宣布重大決心的用意，不只是把她的想法清楚傳達給對方，也能幫助自己好好思考。這樣的公開宣布，會完全切斷兩人之間可能復合的機率。

不過，即使趙小姐鼓起了勇氣對外宣布，若行動上無法配合，也是毫無意義的。因此，在辦公室裡，絕不能與對方在私底下開玩笑、出去吃飯，這些事都要懂得拒絕。避開私下會面，與其他同事一起以共通話題，來和對方談論事情，這樣才能繼續擁有自在的職場生活。

擊退討厭的情況2號

29 新新人類員工太自我，不接受指示

致勝關鍵「**溝通重自然坦率，別動怒罵人**」

這年頭，世代之間的代溝問題愈來愈嚴重，這問題當然也會影響到職場主管與部屬的互動。基層員工總覺得主管不了解自己的想法，主管也很不滿部屬沒大沒小、沒規矩的態度。

有年齡差距的主管與部屬，經常互看不順眼

現在的年輕人，從小到大都過著不需煩惱吃穿的生活，甚至在成長過程中，也很少受到父母責備。如此一來，他們便養成了非常討厭被人控

制、指示，甚至是長輩指示也不放在眼裡的態度。

若你的部屬都是網路迷，他們對自己不了解的事通常不會去請教人，而是習慣自己上網找資料解決，因此即使他們對主管的指示理解得不夠清楚，也不會再次與主管確認，反而會用自己的想法解讀，因此，誤解主管指示的可能性也會提高。

大部分的新新人類都認爲，年紀較大的長輩們，思考邏輯都跟不上潮流，因此常會故意忽略主管的指示。身爲主管的你，有時也會因爲部屬們的實力和經驗比不上你，而看輕這些年輕部屬。在互相不了解、不信任的情況下，很多主管對管理部屬的問題傷透腦筋，可是有很多主管卻不明確指出部屬犯的錯，反而就這樣讓事情過去。

事實上，當部屬不接受你的指示時，身爲主管的你，若不好好與他們溝通，兩代之間的代溝會愈來愈深，最後你甚至再也管不動他們。但如果你疾言厲色罵他們，他們不但不會認錯，只會更加反抗你。

傳達指示後，請再次確認部屬是否了解

因此，爲了不要讓部屬忽略你的指示，請在傳達指示後，再次向他們

確認你的指示，確認時，不能用言語刺激他們的自尊心，而要以很自然的態度確認他們是否了解。

若你沒與他們進行確認，導致之後他們沒將待辦指示處理好，即使你再生氣，也不能在大家面前責怪負責的人，一定要單獨找那個部屬談，並以理性態度溝通才行。

如果連再次確認、好言相勸這些方法都行不通，那麼就在大家面前說清楚那個部屬犯了什麼錯，好讓所有人不要再犯同樣錯誤，也就是說，到了這種時候，便應該拿出主管權威與這些新新人類溝通。

30

擊退討厭的情況3號

員工上班做私事，浪費公司時間

致勝關鍵

「白紙黑字訂定約束公告」

自從網路及手機的使用愈來愈頻繁，很多公司的員工便常因爲私人電話與網路聊天，而浪費上班時間，這讓主管傷透腦筋。如果公司的規模夠大，就可以設定網路防火牆監控職員，可是小規模公司就沒有如此高檔的設備，可隨時監控員工了。

上班時，勿處理私事偷公司時間

以很早便開始實施週休二日的美國爲例，在職場上，他們禁止員工在上班時間使用私人電話及網路聊天。美國是個徹底執行資本主義的國家，他們認爲公司付員工薪水是請你來工作的，而員工也知道上班時間若用在私人事情上，就等於偷取公司的時間。

不過，東方文化畢竟與西方文化有差異，如果我們採用美國式方法來管理員工，一定會有很多人被嚇跑。但如果就這樣一直放任員工，也會影響其他認眞員工的士氣，甚至會深深影響整個公司的競爭力。因此，如果有員工在上班時間使用私人電話或網路聊天時，請直接說「上班時間，請減少使用私人電話」或者「上班時間，請儘量不要使用網路聊天」。

不過，爲了減少員工浪費上班時間，公司最好透過勞資共同商議，擬定嚴格的規定，之後正式公告，若發現不守規定的員工，就按照公司規定進行懲處。這是因爲，如果每次都以個人情況做不同的約束與懲處，未盡公平，也得不到公司要的紀律成效，甚至可能增加員工對公司的不滿。因此，最好的辦法是，擬定公司規定請員工遵守，比較容易解決員工浪費上班時間的問題。

31 擊退討厭的情況4號

員工沒大沒小沒分寸

致勝關鍵「主管要拿捏好分寸，別與員工太親密」

如果你是老闆或高階主管，看到部屬常常因爲遲到、請假，而老是不在座位上時，一定會讓你很不想發薪水。一般主管仍普遍存有這種觀念：「拿公司薪水，務必好好工作，私人事情應該自己利用時間處理，不要影響上班時間。」但新新人類的想法和這些舊時代的主管可不一樣：「我拿公司多少薪水，就做多少事。」就是因爲這種思考邏輯上的差異，而使兩代之間常常發生爭端。

員工沒分寸案例

員工忘了轉達客戶重要電話，竟完全不當回事

員工沒大沒小沒分寸：**主管要拿捏好分寸，別與員工太親密**

韓先生帶領三個員工經營廣告公司，曾被一名員工弄得很生氣，一個人喝悶酒。原因是因爲，有個進公司剛滿一年的女員工，忘了轉達重要客戶的電話內容，反而一派輕鬆地說：「小事情而已，幹嘛這麼緊張？」看到她一副無所謂的態度，韓先生氣得當場責備她，結果那個女員工當天就遞出辭呈。韓先生覺得，從這名女員工進公司以來，從沒叫她加班，也從沒晚發薪水，爲了那麼小的事情就要離職，韓先生心裡非常生氣，也無法諒解她這種想法。後來韓先生才知道，原來是自己平常對那個女員工太好了，已經讓她無法無天、騎到頭上去了。但那也已是過去發生的事，無法挽回了。

所以，爲了不讓員工踩到你頭上，千萬不能與他們太親近，也不能常和他們嘻嘻哈哈過度開玩笑。大部分的員工，只要覺得自己與主管的關係夠親密，就比較敢挑戰主管的權威，沒大沒小。如果你發現員工有點看輕你，或挑戰你的權威，請理性冷靜地對他們說：「如果我有什麼地方需要改進，請你們有禮貌地告訴我。還有，我們公司不允許任何對主管無禮的行爲。」如此一來，他們就不會再犯同樣的錯誤了。

32

擊退討厭的情況5號

員工一直要求加薪加福利

致勝關鍵

「確認要求是否合理，不需全盤接受」

新新人類通常不太會隱藏自己的想法，而會直接表達意見。在職場上，即便公司目前遭遇困境，他們仍會因自己有私事需請假，而理直氣壯說出來；此外，對薪資及休假也會很計較。有時眞是讓人覺得：「這些年輕人也未免太理直氣壯了吧，沒盡到義務，只會要求福利。」

員工過分要求公司案例

員工得寸進尺，不斷要求福利

徐先生，在某大集團工作滿十年後便申請退休，退休後，他創立了一家裝潢公司兼不動產公司。剛開始，他和太太兩人一起工作，後來擔心人力不足，雇用了一名女員工，女員工的工作內容很簡單，一早來先打掃辦公室，之後便接電話、招待來訪客戶，工作相當單純。徐先生打聽過其他不動產公司的薪資標準後，給了那名員工每月七十五萬元的薪資（約台幣兩萬五千元）。不過，到目前爲止，重要電話都還是由徐太太接，女員工的工作內容還算輕鬆，徐先生便把太太帶來公司的小狗，交給女員工照顧。

不過，過了一個月，女員工就提出：「我做了工作本分以外的事情，應該要給我津貼才對。」雖然徐氏夫妻對她這樣的態度感到相當驚訝，但也不想爲了這麼一點小事跟她計較，所以這次的事就這樣過去了。結果，女員工待滿一年後又要求：「是不是應該要簽年薪約？」徐氏夫妻覺得似乎無法拒絕她的要求，因此每個月替她加了十萬元（約台幣三千三百元）薪水，之後她還常常要求年休、病假、夏季特休，甚至沒事先商量就直接要求：「下週二我要請生理假」。

職場生活經驗豐富的徐先生，十分了解基層員工的心理，因而想盡量接受員工的要求，可是女員工的要求卻愈來愈無理，所以他決定予以解雇，但女員工後來馬上去找勞工局，控告徐先生以不當理由解雇她，當時徐先生也因爲這件事，而添了許多麻煩事。

不需要爲了挽留員工，而全盤接受條件

身爲主管的你，其實應該在第一時間判斷部屬的哪些要求可以接受，哪些要求根本不能接受。職場生活經驗愈多，學習到的技巧也就愈多，如果員工常常離職，公司相對要吸收的成本也很重，所以大部分的主管都很希望挽留部屬，可是就算部屬開的要求你全盤接受了，他們也不見得會待很久。因此，你不需要接受太過分的要求，若眞是不能接受的要求，一定要和當事人說清楚，並簡單明瞭地拒絕。

不過，如果部屬要求加薪，並不是單純想加薪，而是希望公司認同他的付出，那麼你應該要先對他說：「多虧有你，公司才能發展得這麼快」、「有你在，對公司眞的幫助很大」如此眞誠表達感謝之意，就算你無法馬上替他加薪，但至少你讓部屬知道，公司並沒有忘記他的功勞。

33

擊退討厭的情況6號

主管傷人自尊心

致勝關鍵 「平靜表達受傷的感覺」

大部分上班族，被主管傷到自尊心時，就會興起想離職的念頭。有時候，同樣一句話，可以解讀成別的意思，有時儘管主管說話沒惡意，也會使部屬內心很受傷。

先冷靜下來，確認主管是否有意傷你自尊

當主管說話傷你自尊時，不要連原因都不問清楚，就馬上離職，應該要先忍氣吞聲，用平靜溫柔的口吻對主管說：「你這樣說，會傷害我的自尊心。」如此一來，你才能確認主管是否是故意傷害你。

相反地，若你無法先忍耐、冷靜下來，而生氣地反擊對方，大部分主

管絕對無法容忍你的無禮，甚至對於先前傷害你自尊一事，也就更不可能表達歉意了。有些主管或許會以爲你對他有偏見或仇視他，而開始疏遠你。但如果你遇到的主管脾氣不好、愛記仇，請小心，他往後可能會百般刁難你、對你不利。所以，若主管說話傷了你的自尊，最好立刻表達感受比較好。

主管傷人自尊案例

高級主管不尊重臨時雇員

祝小姐是一個在某大集團工作的臨時雇員，公司分配給她的工作是業務人員的入、出帳金額管控，因而需使用電腦建檔管理，而且這是一家業務型公司，所以需使用很多軟體整理出、入帳事宜，可是這公司使用的卻全是非法軟體，因而每次政府機關要進行調查時，全公司的員工就會進入非常狀態。

某相關單位經理一直擔心會有情況發生，便要求攜帶手提電腦的業務人員立刻把電腦帶到外面去，也要求內勤職員移除電腦裡所有軟體。這時，剛好有位協理看到祝小姐一直在經理旁邊忙著整理電腦軟體，便對她說：「沒關係，妳不用那麼認眞整理，妳是臨時員工，如果被解雇，我還可以再雇用妳。」

其實，協理只是稍微開了個小玩笑，但祝小姐卻不這麼認爲。如果當時祝小姐能有勇氣對協理說：「我不能被解雇，因爲要是連協理也被解雇，到時候誰來雇用我？公司使用非法軟體，若被查到，責任是要由協理來扛的，協理你可不能吃牢飯啊！」如此一來，她所累積的精神壓力便可完全紓解，協理也能體會自己說了過分的玩笑話，爲別人帶來多大的傷害。

34

擊退討厭的情況7號

主管無緣無故欺負人

致勝關鍵

「適時反擊，讓主管刮目相看」

爲了找工作而煩惱的人，通常只希望趕快找到工作，其他問題都不重要。可是開始工作後，一旦發現自己遇到挑剔又嚴苛的主管，就會覺得很痛苦。也因此，在職場上遇到嚴苛主管的人，就算這份工作是很辛苦才找到的，也會想立刻遞出辭呈，解脫痛苦。

喜歡欺負部屬的主管，通常都是遇強則弱、遇弱則強的卑鄙小人，他們的內心充滿不平心態，老是喜歡欺負弱者，以得到快感。因此，當主管毫無理由一直欺負你時，千萬不能讓他知道，你感到很痛苦。你可以找時

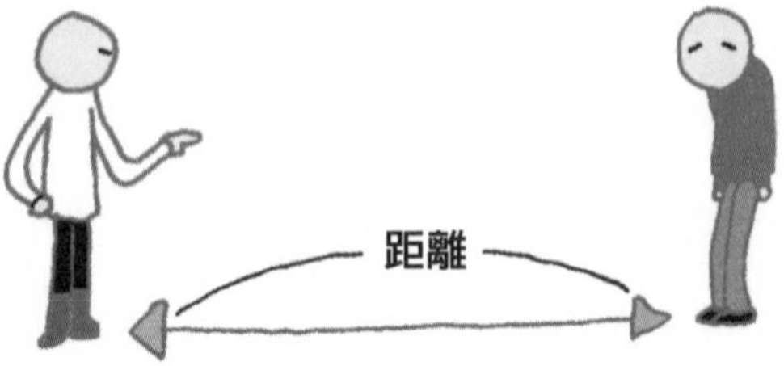

間，事出突然地對他說：「請不要欺負我。」沒錯，就是這樣，稍微給他一點打擊就好。如此一來，他自己也會覺得不好意思，即使他當場可能會發脾氣，但內心一定不知所措，而且覺得很丟臉。一般來說，你帶給他的這種打擊，他要很久才忘得了，自然而然地，他也會不知不覺在意起曾經欺負你的話語、行爲，因而將慢慢減少欺負你的次數。

主管欺負員工案例

主管是大學學長，不但沒特別照顧，還特別欺負人

侯先生退伍後，曾在政府機關的某研究院工作一年。當時，他進公司後，知道自己的頂頭主管是大學學長時，心裡覺得很高興，可是沒想到，那位大學學長卻對他十分嚴苛，而且每況愈下。學長每次都對他說：「學弟需要強悍的訓練才行。」學長不只在工作上欺負他，甚至也常在人格上侮辱他。此外，學長的酒品也很不好，常常在聚餐場合人身攻擊侯先生；如果他自己心情不好，甚至還會要求侯先生週末來公司加班。

侯先生的公司是採隔週休二日制度。有一天，剛好是放假的那個週末，侯先生患有骨質疏鬆行動不便的奶奶，不小心在洗手間門口跌倒，他

正打算把奶奶送到醫院時，學長卻打電話叫他去公司整理要提報給主管的簽呈。侯先生雖然很不想去，可是似乎無法反抗學長的命令，只好把奶奶交給身體也不太舒服的母親，立刻去公司加班。

那天不知爲何，學長一直派給他很難處理的工作，侯先生因爲擔心奶奶和母親的身體狀況，很努力地想把事情處理完，早點離開。到了下午四點，學長卻突然對他說：「我們下班吧！」金先生回答：「可是我的工作還沒做完。」這時學長卻對侯先生說：「沒關係，下禮拜一再繼續做就好！」聽完學長的話，侯先生突然覺得很憤怒，學長竟然爲了不是很趕的工作，叫他放下家裡的事，趕來公司加班，他愈想愈氣，實在很想賞學長兩巴掌，但最後還是一句話都沒說，就這樣忍下來了。

就侯先生的情況來看，他原本期待學長會對自己特別好，結果反而被牢牢控制住了。如果從一進公司開始，侯先生便不要對學長太過期待，就把他當一般主管那樣用平常心以對，這樣一來，就算學長在週末叫他出來加班，侯先生也可以明確拒絕。可是侯先生卻因爲對方是他大學學長，以爲學長一定會對他好，他的過度期待，被學長看穿了，學長反而想盡辦法欺負他、利用他。

即使主管是你朋友，也勿將公事與私交混爲一談

如果你遇到這種狀況，千萬不要以爲主管是學長，一定會帶給你不少好處。請務必將公事與私交分清楚，不然就會像侯先生一樣，連學長的私人命令也無法拒絕。

大部分上班族，總是擔心若不承受主管的惡意欺負，就會少掉很多該有的利益，因而完全不敢吭聲，不敢表達自己的想法或不滿。其實，部屬如果勇敢拒絕主管的欺負，主管反而會覺得他很有骨氣，就不會再欺負他。不過，建議你，不管是什麼樣的主管都握有人事權，因此若要對主管表達你的想法，一定要以謙虛禮貌的態度說明，這樣才不會留下後遺症。

35

擊退討厭的情況8號

被同事排擠

致勝關鍵

「說話委婉一點，不要太毒辣」

在職場上如果被同事排擠，這樣的人是很難有什麼大作爲的。而且比較容易被排擠的人，大都缺乏社交性格，即使離職，去了別的地方工作，也會有一樣的結果。

如果你被同事排擠，第一個原因應該是出在你自己本身。每個同事都覺得你的個性讓大家感到有負擔，但只有你不這麼想，而一味用「因爲我太正直，老是有話直說，才會得罪人」這樣的話來安慰自己。如果你在職場上被人排擠，最有必要改善的，就是說話技巧。下面的例子，是一個女生貼在網路討論板上的情況：

同事排擠案例

說話太直接而毒辣，容易讓人反感

我是一個出社會滿五年的上班族，到現在都沒有朋友能談心，只有同部門年紀稍微大一點的女性前輩，偶爾會陪我一起吃飯。有一天，那位前輩對我說：「從現在開始，說話要稍微溫柔一點。」她也順便告訴我，其他同事對我的看法，聽完前輩的話，我覺得很生氣，我認為前輩口中那些在背後講我壞話的人，才是個性或外表有問題的人。

我討厭這些對我有偏見的同事，也討厭那位前輩，她表面上看起來對我很關心，可是實際上也和他們一起在背後批評我。雖然不久後我就立刻離開那家公司，但我一直無法認眞看待，以前同事批評我說話不溫柔的事。我一直認爲，就算我的個性和其他人比起來，的確有點問題，但看在一起工作了五年的情分上，應該可以諒解才對，批評像我這樣默默認眞工作的人，對他們來說到底有什麼好處

表達意見時，別讓人以爲你在言語攻擊

如果你被職場上的同事排擠，請先反省自己，他們不喜歡你的原因，

未必是因爲你太坦白直接，而可能是因爲你常常用毒辣口吻攻擊別人，這的確會讓人覺得有負擔。如果你願意相信我，或許偶爾可以把你和同事之間的對話錄下來聽聽看，以客觀角度去聽，你就能發現自己的問題所在。

如果在言談中你對同事的看法有不同意見，建議你，不想被排擠的話，請稍做深呼吸，再以「但是我的想法不是這樣」來委婉回應對方，也許會比較好。甚至，當你發現對方講錯什麼時，你當然可以指出他的錯誤，但爲了不讓他感到被你攻擊，你實在有必要養成婉轉說話的習慣，這樣一來，你周圍一定會有很多人願意主動親近你。

36 公司不遵守對員工的承諾

擊退討厭的情況9號

致勝關鍵「**拿出具體事實，冷靜抗議**」

當公司交付的工作太多、取消休假、凍結調薪，遇到這種個人權利被剝奪的狀況時，任誰都會想離職。但是現在工作不好找，讓人實在無法隨意離職、丟工作。

當公司不遵守當初承諾的上下班、加班約定，而影響你利用個人時間時，千萬不要自己悶著頭傷腦筋，最好找主管說明目前情況，請公司遵守

原來的約定。不過，這時千萬不要用「公司員工手冊如此載明」的方式來表達想法，因爲當事情走到法律這一步時，任誰都會不太高興。因此，最好是靠「人情」來解決問題，建議以「我想在下班後，去補習班學點東西」之類的委婉平和態度表達，才可能達到你要的效果。

公司不守承諾案例

面試時答應可以提早下班，卻在事後忘記

我想舉羅先生的例子來討論。羅先生未來的夢想是自己創業，他想從事和中國有關的貿易，不過他考量到自己目前的能力不足，無法在大公司上班，所以決定先待小公司，一邊工作一邊學習。他找到一間雖然薪資較低、但上下班時間較有彈性的公司，他的目的很清楚，就是爲了學習更多東西。當然，面試時，他也向公司提到這一點，因此正式上班前一天，他便去補習班報名學中文了。

羅先生的工作內容非常簡單，通常都能在上班時間內做完，他想都沒想過這工作竟然會影響他下班後的補習。工作第一天，下班時間到了，沒人下班，他向主管求得諒解後，六點便下班趕去補習，不過時間還是非常

趕，因此隔天大約五點五十分的時候就下班。第三天，他對主管說，今天也會在同樣時間下班，主管卻很生氣地說：「再工作半小時才能下班。」結果那天羅先生便無法去補習了。隔天，主管直接對他說：「在公司情況變穩定前，希望你配合公司，六點半下班。」羅先生只好調整補習的時間。

可是日子一天天過去，公司對下班時間的規定完全沒有改善，羅先生決定找主管談判：「每天的工作量，我都會在上班時間內全部處理完，如果來不及做完，我自然會留下來加班，所以請您遵守當初您對我的約定。」羅先生的主管完全忘記約定的事，甚至還說：「如果只有你一個人先下班，會影響到整個公司的氣氛。」不過，羅先生再次明確地向主管表達意見：「我提早下班，並不會影響工作，我會把工作處理好的。」主管猶豫了一下就說：「那麼，你自己想辦法，不要影響到別人的工作。」

當公司不遵守對你的承諾，不要一直提出不滿，應該要拿出更客觀的資料來說服主管，才是最聰明的作法。

37

擊退討厭的情況10號

在職場上被人冤枉

致勝關鍵

「態度坦蕩，繼續工作」

在職場上，就算你的行爲很正當，一旦被冤枉，有時甚至連反駁的機會都沒有。不過，被冤枉時，我們常常爲了急著解釋清楚而手忙腳亂，其實這樣只會造成反效果。發生這種事情時，先不要急著解釋，應該先退後一步，冷靜計畫對應的方法，才能有效解決不必要的誤解。

在職場遭人冤枉案例

帳目不符，被懷疑手腳不乾淨

我想舉在加油站工作的周先生爲例。有段時間，周先生爲了找工作一直很煩惱，好不容易找到加油站的會計職務，開始工作的第三週，公司反應每天收入的帳目不對，後來周先生在結算時，發現每天入帳的數目的確有些差異，剛開始怕被公司誤會，他便拿自己的錢補足差額，可是也不能一直拿自己的錢解決問題，所以他決定以後不再補差額。後來，公司發現每天的結算有問題時，便開始懷疑周先生，就這樣，全公司都知道周先生有動用公款的問題。

剛開始，周先生覺得只不過爲了一點小錢就被公司冤枉，當下眞的很想立刻離職，但如果眞的離職，又怕被人誤解他默認了此事，於是只好繼續工作，忍受別人看他的眼神。

坦蕩蕩面對同事，繼續工作，不要離職

如果你是周先生，千萬不要逃避，一定要正面處理這件事。大部分的人犯了錯，從行動上，其實是看得出犯錯事實的。若你一直保持坦蕩蕩的態度，雖然得花點時間才能證明清白，但時間一久，自然就可解開大家對你的誤會。

因此，當你被同事冤枉時，當然會很難忍受大家看你的眼神，不過，千萬不要輕易離職，而要以一種比過去更理直氣壯的態度，認眞工作，並

且表現出你毫不在意他們眼神的神態。時間一久，仇視你的同事也不會再問你：「錢，眞的是你偷的嗎？」他們會支持你光明正大的行爲，誤會也會化解。

38

擊退討厭的情況11號

主管經常打嗝、放屁，表現不雅

致勝關鍵

「正面關心他：要常吃蔬菜水果」

職場上的中年男人，時常會把工作場所當成自己的家，會在辦公室很自然地放屁或打嗝，大剌剌解決生理上的自然現象，但這其實會影響到其他同事。

有些主管很大剌剌，會任意打嗝、放屁

雖然主管這種旁若無人的行爲讓人不悅，但我們好像很難對他說：「你爲什麼要在辦公室放屁？」更不可能說：「你一直打嗝，讓我覺得好噁心。」當然，我們更不可能因爲主管這些行爲，就意氣用事離職，畢竟放

屁、打嗝是個人自然生理現象，好像無從責怪起。但若有人總是旁若無人地打嗝、放屁，這就像隨地大小便一樣，會讓人覺得很不舒服，不是嗎？因此，建議每個受過基本家庭教育的人，若在職場上需要解決這類生理現象，也請像大小便一樣，自行去洗手間解決。

不過，這類喜歡任意打嗝、放屁的人，如果家庭教育比較差，可能會認為在哪裡打嗝、放屁都一樣，不需要到洗手間去，如此一來，若剛好有人在旁邊，或對其他長期忍受這種行為的同事而言，感覺是很不好的，甚至會覺得很不受尊重。這類人通常很大剌剌，他們沒想那麼多，只覺得這些只是單純的生理現象。但身為部屬的你，若就這樣一直忍耐主管的生理現象，心理壓力也會跟著增加的。

正面關心主管健康，教他改善排氣

其實，在職場上遇到任何問題，無論是好事或壞事，都要拿到檯面上來解決，比較不會影響精神健康。如果你想向主管反應他的生理現象問題，就得慎重對他說：「經理，你今天消化不良很嚴重，是嗎？連我這邊的位置也聞得到，你今天早上是不是吃了不新鮮的東西？」用這種婉轉說

法可讓主管明白，他的行爲會帶給很多人不悅。但如果是心胸狹窄的主管，可能會覺得被部屬侮辱，而可能想找機會好好修理對方，不過，大部分有教養的主管，一般來說都會好好反省自己。

身爲部屬的你，如果不想破壞和主管的關係，可以這麼試著幫他解決問題：「每天早餐吃點生菜沙拉，多喝一杯檸檬汁，會幫助你避免這種排氣問題喔！」如此告知主管問題該怎麼解決。或是，你也可以和其他同事商量，建立一個制度，當有人做出不禮貌的行爲時，就要向當事人收罰款。一般來說，這種事由部門裡年紀最小的同事扮黑臉會比較恰當：「經理，如果你以後造成辦公室空氣污染，我就會跟你收罰款喔！」就這樣，直接和主管說清楚。下次，當主管眞的又不小心放屁時，部門裡年紀最小的同事就可以衝上去向主管要罰款，如此一來，主管一定能夠改善不好的生理習慣。

39

擊退討厭的情況12號

夾在主管與公司的紛爭之間

致勝關鍵

「調換部門，避免尷尬」

夾在互動關係不好的大小主管之間，做部屬的很容易連帶受到炮火波及，這種非直接的人際關係問題，比起工作內容，所需承受的壓力更大。如果你目前正遇到類似情況，建議你還是趕緊取得主管同意，調換部門，重新建立人際關係比較好。

夾在主管與公司紛爭之間案例

主管是個自大狂，老是批評其他主管無能

我想舉在某家中小企業研究所工作的吳先生爲例。吳先生在一個距離總公司很遠的研究室，和研究所所長一起工作，基本上，這是一家靠著所長研發的專利能生財而成立的公司，因此，在公司內，研究所所長與社長的地位是一樣的。

可是，這位研究所所長，不管是對社長或其他高階幹部，通通不放在眼裡。每次吳先生要去總公司辦事，都會先告知所長，但所長的反應卻是：「是誰沒經過我同意，就把你叫來叫去的，不用去了！」每次都是這樣，讓吳先生很難向總公司交代。平常，所長也常對吳先生說：「這家公司，全都是一群無用的人……」就這樣，一邊碎碎唸，一邊說出高階幹部的名字加以批判，甚至還對吳先生說：「這家公司是因爲我某某某，才能撐到現在……」如此自以爲是、夜郎自大。

對所長這樣的人，吳先生根本無從尊敬起。他覺得，在那種人手底下工作，不可能會學到好東西，也很怕自己會變得和所長一樣。可是，總公司的人都很稱讚研究所所長，所以吳先生自然不敢得罪所長，只希望能早

點脫離研究所，調回總公司。

想調部門，理由一定要和工作內容有關

如果你在職場上，也和吳先生一樣想要調換部門，必須先正式向主管提出說明，說明目前的工作內容不太適合你，千萬不要只是默默地對工作感到不滿，一直忍耐，而要懂得找機會好好和主管商量。甚至，有必要向主管澄清，你之所以想調換部門，與主管的個人特質或領導風格絕對沒關係，而是因爲考量工作性質與內容，才想做此申請。

大部分的主管都想在部屬面前當英雄，如果部屬用認眞態度和自己商量，他通常會願意站在你的立場，認眞思考問題。

40

擊退討厭的情況13號

一直擔心會被炒魷魚

致勝關鍵

「提升自己的價值，讓公司沒有你不行」

不管你是有工作還是沒工作做，在景氣不佳的情況下，有工作的人還是會擔心隨時可能被解雇。景氣愈來愈差，失業人口也跟著增加，有些惡劣的經營者，甚至還會藉機調降員工的薪資。

如果遇到這種事，我們當然希望能當場拍桌子，然後瀟灑離開公司，但是若考慮景氣不好、工作不好找等因素，或許就不能如此理直氣壯表達對降薪的不滿，也因此，每個人的精神壓力也就愈來愈沉重了。

公司威脅解雇員工案例

公司爲了節省人事成本，解雇資深人員

護士黃小姐，在首爾一家診所上班，不久前突然被診所解雇，而且其實她雖然有三年工作經驗，但薪水卻和沒經驗的護士一樣。根據診所規定，過了訓練期，可以調薪五萬元（約台幣一千七百元）；不過，薪水愈高，被公司解雇的機率也就相對提高。黃小姐以前上班的診所也是如此，當她的薪水加到八十萬元（約二萬七千元）後，就被解雇了，很多朋友都要她向勞工局申訴那家診所，可是黃小姐最後還是沒這麼做，並以新進人員身分到另一家診所上班，可是她擔心這次又會被診所解雇，所以從開始工作到現在已經超過一年，也不敢提加薪的問題。

診所其實也一直擔心黃小姐會要求加薪，所以，有一天，便嫁禍她偷錢。黃小姐的朋友告訴她，如果資方擅自解雇員工，會違反勞動法，所以才會故意冤枉員工，好讓他們自己離職。當黃小姐被診所冤枉時，她嚇得快要昏過去，可是她擔心如果辯解清白，可能會被解雇，只好一直乖乖閉上嘴巴。

黃小姐上班的診所，就只有她一位助理護士，有時甚至忙到沒時間吃

午餐，她爲了診所如此努力工作，但診所卻因爲不想幫她加薪，而嫁禍員工偷錢。黃小姐的心裡雖然很難過，但一方面又擔心會被解雇，只好一直忍氣吞聲。

試著了解經營者的心態，提升自己成爲優質員工

黃小姐需要了解的地方是，每個經營者都是以創造利潤爲目標，而且希望以最少的資金成本，謀求最大的利益。因此，診所對黃小姐雖然很殘忍，但所有公司的確都希望不需要替員工加薪，以免營業成本提高。如果能如此了解經營者的心理，每個人或許就能在工作上多所發揮，超出經營者對你的期望，以獲得公司更深的信賴、更多的仰賴。

我給黃小姐的建議是，就算工作很累，但如果試著每天提早到診所上班，並且讓診所氣氛和諧，以及樂意愉快地處理每一件事，相信診所一定會感覺到：公司花了最少的薪水，可是卻找到一個最有價值的員工。就算你想離職，診所可能還會苦苦挽留不希望你離開，如此一來，你的價值提升了，也就不會再受到解雇的威脅了。

另外，如果你不想被人冤枉是小偷，就將每天的現金出入狀況，明確

記錄清楚。現在大部分公司都是利用電腦系統自動處理會計相關事宜，如果手動整理，比較容易計算錯誤，這樣一來被人誤會的機率也比較高。因此，如果你能學習以電腦計帳，就沒人敢冤枉你了。

職場上的你，如果經常（感）受到解雇威脅，那麼就從現在開始，試著了解經營者追求利潤的心態吧！並且提升自己，成爲經營者仰賴的優質員工，今後，儘管大步迎向你的職場生活吧！

41

擊退討厭的情況14號

另一半讓人受不了

致勝關鍵

「明白說出你的不滿」

有些夫妻，因爲舉辦了超豪華婚禮而十分引人注目，然而豪華婚禮並非幸福的保證。事實上，許多人在婚姻生活中過得很不愉快，最後甚至以離婚收場。

不做家務，只顧自己外表光鮮的太太；不關心家人，只會出外找朋友的丈夫；一整天抓著電話不放的太太；不爲先生準備早餐，只顧貪睡的太太；家人的生日、結婚紀念日都記不得的丈夫；不常煮飯，喜歡叫外賣的太太……，人們對另一半的不滿罪狀，多到數不完。甚至，如果連另一半的刷牙方法、脫襪子習慣、化妝方式、脫衣習慣等等，每一項都要批評，眞的是批評不完。

我把你的缺點通通寫下來了，你看，可以寫滿兩張紙！
你的缺點足足可以寫一部小說
老公的罪狀

整理出所有不滿，明白告訴另一半

每一對夫妻，都是兩個不同個體的結合，兩人成長背景及環境都不一樣，父母不同，唸的學校也不同，工作性質也不同，夫妻感情再好，也不可能完全滿意對方的一舉一動。因此，你一定要學著打消要另一半和你一模一樣的想法，這樣才能忍受、理解你的另一半。

若連另一半的刷牙、化妝、脫衣服方式，這種和維持家庭沒有直接關係的小動作，你都要挑剔，一旦影響家庭關係的問題發生了，像是另一半太常外出、喝酒、外食等問題，家庭便很容易面臨破碎危機。

建議你，首先整理出你對另一半不滿的地方，告訴他你爲何不滿，並要求他改進。如果你連試都沒試，不去要求，自以爲：「說了也沒用」……，如果就這樣放棄，你當然會一直累積對另一半的不滿，這就等於一直給自己壓力、甚至無法再繼續維持美滿家庭，也有可能。因此，你一定要很明確告訴另一半，你不滿他的哪些行爲以及改善的方法。像是，如果你太太都不照顧家庭，只懂得打扮自己，最好的對應方法，就是拿回經濟大權。無論她說了什麼各式各樣的藉口，都不可以接受，否則你永遠看不到效果。

42 擊退討厭的情況15號 父母不喜歡我的另一半

致勝關鍵 「多多見面，增加相處機會」

天底下父母都覺得自己的孩子是最棒的，所以對於孩子交往的對象，要求自然也會很高。如果孩子交往的對象，無法達到父母心中的標準，大部分父母就會想盡辦法拆散他們。在這種情況下，如果孩子只顧著袒護交往對象，父母更會有種遭到背叛的感覺，而開始敵視自己的孩子。

父母批評孩子另一半的案例

嫌棄未來媳婦種種不好，要拆散有情人

蘇先生是某大集團的海外派駐人員，因公務繁忙，到三十六歲都還未婚，但一年前開始，他開始和一位大他三歲、曾離過婚的女性，以結婚爲

前提開始交往。蘇先生的女友，擔任國小老師，有兩個女兒，也奉養娘家父母。蘇先生畢業於明星大學，擔任很多人羨慕的大集團海外派駐人員，他的大學教授父親是個非常挑剔的人，他的母親則是個不管丈夫在外面所作所爲的標準賢妻良母。蘇先生是這個家庭的老么，就他的家庭背景而言，這段姐弟戀不可能會有完美結果。

可是蘇先生仍舊鼓起勇氣，想介紹女友給父母認識。當場，他的父親連一句話都不說，一直堅持己見，想辦法要讓這兩個人分開；母親則擺明反對兒子這樁婚事，尤其看到蘇先生一直在她面前袒護女友，而讓做母親的反對態度更堅定。

先讓父母好好宣洩情緒，再理性告知你的愛意堅貞

換個角度想想，如果你一直袒護對方不喜歡的人，對方當然會更加討厭這個人。因此，若遇到這種情況，可不能一味袒護自己的對象，而要讓家人盡情發洩反感比較好。每個人都一樣，當他狠狠罵完一個人，心裡當然會不好過。讓父母盡情宣洩，罵夠你喜歡的對象之後，他們自然或多或少會對你喜歡的人產生歉疚，而這時你就要宣布：「我跟她在X月X日要

你看，
我比較有分量
那是因為我跟
你站在同一邊

結婚。」如此堅定強烈表達你的意思後，一開始，父母一定會堅持反對，但時間過得愈久，他們的反對態度也會變得軟弱。

父母常因反對子女婚事，而形成兩方對立局面。若你對父母表現出的態度不恰當，很容易使父母感到很受傷。大部分的父母，都需要時間調適自己的態度，才有辦法接受他們不喜歡的媳婦或女婿。因此，不能只靠一次會面，就想解決問題，要有耐心和毅力，才能慢慢解開父母的心結。

43

擊退討厭的情況16號

另一半的父母不接受我

致勝關鍵

「摸清長輩脾氣個性喜惡，投其所好」

結婚，不單純是兩個人的結合，而是兩個家庭結合的一種社會契約。因此，除了兩人的愛情，家庭關係也是需要維繫的。

很多年輕人相當聰明，希望在男女朋友階段便能討好對方父母，但卻往往因事前準備不充分，成功率反而很低。如果你想討好對方父母，記得事先做功課，這才是成功的開始。

多了解另一半父母的習性，以尋求對應方法

對你另一半的父母而言，要把來自不同成長環境的你（外人），也當成自己孩子般好好對待，其實是一件很有負擔的事。因此，如果你想和另一半的父母保持良好關係，必須事先了解對方的個性、教育子女的態度、人生哲學、生活習慣和個人喜惡等等。

你和另一半有感情基礎，但與對方父母並沒有，他們只是因爲你是自己孩子喜歡的人，所以才接受你，因此很難對你產生好感。如果對方父母覺得你有很多條件不符合他們的要求，他們當然無法打從心底喜歡你。因此，你不能對他們抱著一種期待，以爲他們會像你的父母一樣，容忍你的缺點。在兩人交往過程中，爲了打動另一半的心，你一定花了不少時間和努力；相對地，你也自然需要保持這種態度，來打動對方父母的心，這樣才能讓他們歡迎你加入這個家。

44

擊退討厭的情況17號

與公婆處得不好

致勝關鍵

「坦白說出你的想法，增進彼此了解」

若你和另一半是在父母反對情況下結婚，婚後就會有很多問題。對男性而言，習俗上，並不需要刻意和太太的娘家保持很好的關係，就算和太太的娘家處不好，也不是什麼大問題。但女性就不同了，已婚女性如果和婆家的關係不好，很容易出現家庭風暴。女性和婆家處不好的最大原因，往往在於無法坦白對公婆說出自己的感受。

如果你無法理解公婆的行爲，又不能直接對他們說：「我無法理解。」如此，往往得把問題悶在自己心裡，或是透過先生當橋樑解決，但也因爲這樣，才更難解決問題。就算你的公婆很難相處，但如果試著與他們溝通想法，也許會比較容易解決問題。

與公婆處不好案例

結婚三年，小孩也生了，婆婆依然討厭媳婦

陳小姐，她當年不顧婆婆激烈反對，還是與丈夫結了婚。有一天，她的兩歲女兒得了重感冒，所以無法到婆家參加親戚小孩滿週歲的宴會。宴會結束後，大嫂打電話給陳小姐，告訴她宴會情況，原來宴會上所有親戚都因爲陳小姐沒出席，而一直攻擊她的婆婆，當時，她婆婆也很生氣，而在眾人面前抱怨陳小姐。但陳小姐認爲，就算婆婆很討厭她這個媳婦，也沒必要加入眾人批評她的行列，而應該體諒她，因爲孩子生病了嘛！不過，結婚到現在已經三年了，陳小姐也生了一個女兒，婆婆的態度到現在都沒改變，仍舊無法認同她。

在不同的文化背景中生活，自然有時代及個性上的差距，婆媳之間眞的很難跨越代溝，好好相處。更何況，如果是在婆婆反對下結的婚，所有掌握權都在婆婆手上，根本無法每件事都找先生幫忙，就算妳對丈夫提出不滿，另一半也不見得能幫上忙。

要克服這種情況，就不要透過先生的力量來解決，一定要站起來，自己直接找婆婆提出意見與建議，這才是最好的解決方法。如果希望與婆婆順利溝通，那麼千萬不要對婆婆的每句話，太感情用事地過度解讀，而要用理性判斷所有事情，才有助你與婆婆之間的溝通。

化解婆媳問題，媳婦需坦蕩做溝通

如果我是陳小姐，就不應該只聽大嫂轉述當時的宴會情形，就判斷婆婆的行為，而應該自己主動找婆婆，告訴她：「聽說因為我沒出席宴會，增加了您不少困擾。」如此鄭重道歉後，再補上：「小孩生了重病，我以為您會理解我的立場。」如此將自己心裡的話，坦白告訴婆婆會比較好。如果媳婦很明確坦白對婆婆說出自己的想法，相信婆婆也會比較容易了解你的想法。如果沒有雙向溝通，那麼你們雙方永遠都只能自我解讀對方的想法，這樣會產生更多困擾。

因此，當你和另一半的父母發生溝通問題，千萬別把另一半也牽扯進來。身為當事人的你，除了在另一半面前坦白說出自己的想法，也要主動以坦蕩慎重的態度，試著解決問題。

45

擊退討厭的情況18號

父母老是把我當小孩看待

致勝關鍵 「與父母懇談，務必劃清關心界線」

別訝異，八十歲的年邁父母，面對已經六十歲的兒子，還是能夠很自然地說出：「出外要小心車子」之類的叮嚀。在父母眼裡，就算子女已經成家立業，仍然是小孩子，誰也無法改變他們這種想法。有些父母，就連子女結婚後，孫子的教養問題也會干涉，如此一來，父母與成人子女之間便很容易會有嫌隙。

審愼成熟與父母懇談，訂出干涉範圍

大部分父母認爲，「干涉」，是爲了表達關愛。如果子女拒絕被干涉，父母會認爲子女拒絕了他們的關愛之情。因此，做子女的不應該一味排斥父母的關心，而要試著與父母溝通協商，訂定干涉範圍才是。

如果希望能與父母順利溝通，即便你很不喜歡父母干涉，但也請先接受他們的關愛，並很明確表達，有些夫妻問題、孩子問題、職場問題，你無法接受他們的過度關心：「我也有我自己的想法，有些事情還是由我自己來判斷比較好。」你可以這樣與父母劃清干涉範圍。

當然，父母也知道，不可能一直這樣干涉子女，所以做子女的你，若用比較慎重的態度來讓他們了解情況，相信他們也不會拒絕。相反地，如果你一直用不懂事的態度與父母溝通，父母的接受度可能會很低。因此，請根據你的成熟度，清楚劃分父母干涉範圍，才是最好的方法。

46

擊退討厭的情況19號

兄弟姐妹一直向我借錢

致勝關鍵

「若你願意借錢，事先把話說清楚」

兄弟姐妹，是這個世界上與自己血緣最親近的同輩，同時也是競爭最激烈的對手。很多人，小時候為了爭奪父母的愛而激烈爭吵，爲了吃的、穿的不斷競爭，但事實上，兄弟姊妹之間，因爲血緣，關係可是很親近的。因此成家立業後，一旦有人遇到經濟困難，他便理所當然認爲其他兄弟姐妹一定會幫忙，而父母也會向其他孩子施壓，請他們幫忙經濟能力較差的子女。

可是，對於已經長大成人、各自獨立的兄弟姐妹而言，每個人都有自己的家庭，所以要做什麼事，還得考量到另一半的態度，因爲每個人都有

自己的生活難處啊！維持生活大不易，能幫助兄弟姐妹的地方，的確有限。相對地，尋求幫助的人，卻通常很自我地認為：「遇到困難時，兄弟姊妹本來就應該互相幫忙。」所以如果有困難時被拒絕，內心就會很受傷。因此，兄弟姐妹之間，最好不要有金錢上的往來，如果在不得已情況下實在無法拒絕，那麼一定要和對方說清楚，你所能幫忙的限度。

兄弟姊妹借錢案例

遊手好閒的大哥，一天到晚借錢說要投資

李先生是某家銀行的高階主管，他有一位不長進的大哥，從小就不愛唸書，整天都在外面鬼混，結婚後也一樣，沒有固定工作，還常常以創業爲藉口，三天兩頭向父母要錢，甚至連父母的老本也拿去創業。現在，大哥知道父母已經沒什麼財產能分給他，於是就去哀求弟弟：「再投資一點，我就可以東山再起，如果現在中斷，之前的投資都會石沉大海。」李先生無法拒絕大哥的請求，於是立刻向銀行申請貸款，可是不到五個月，大哥又跑來找李先生借錢，雖然李先生內心很不安，但還是對大哥說：「大哥，這是最後一次幫你了。」不過，大哥仍舊每半年找他借一大筆錢，

李先生無法拒絕大哥的請求，於是讓自己負債累累。李先生的太太也很生氣，並最後一次警告李先生，如果再借錢給大哥，她就立刻離開這個家。

若你願意借錢給兄弟姊妹，一定要與對方談清楚條件

如果你是李先生，其實一開始就不該接受大哥的請求。自己創業，如果不靠自己，而想靠父母或兄弟姐妹，通常都不會成功。因此，倘若你準備考慮大哥的第一次請求，一定要和他談條件，例如：「如果你可以給我看營運計畫書，我就考慮借錢給你。」或是「我想看看你公司的營收相關報表」等等。拿到相關資料後，再請專家分析，判斷究竟要不要借錢給大哥也不遲。借錢給大哥時，一定要堅定地說：「如果你眞的想創業成功，錢的問題一定要處理得乾乾淨淨。」並記得請他寫借據。

家人之間常因錢的問題，發生不愉快的事情。因此金錢往來，一定要劃清界線，不然最後常會以悲劇或遺憾收場。

47

擊退討厭的情況20號

子女好像看不起我

致勝關鍵

「坦白說出：你這樣，讓我覺得很不舒服」

不知道電腦該怎麼用、想不起當紅偶像歌手的名字、不知道子女在玩哪些電腦遊戲，問了之後，得到的回答卻是「你不需要知道」，或是孩子沒有立刻回答，甚至隨意敷衍……。不管子女的年齡是大或小，發生前述這些狀況，父母通常都會有種被看輕的感覺。

父母接受新科技腳步較慢，親子代溝形成

這個時代，科技愈來愈發達，也愈容易產生代溝問題。與科技相關的每件事，父母幾乎都得靠子女解釋才能了解，所以很容易感受到子女的看輕態度。但如果你對子女說：「你是不是看不起我？」更容易失去你的長

輩權威，反而更讓子女看輕。但如果你一直忍氣吞聲，就會在不知不覺情況下，與子女的關係變得很尷尬，甚至有時關係會變得很惡劣。

大部分的父母都認爲，爲了子女，他們過去付出了很多，也犧牲了很多，所以如果感覺到子女看輕他們，會覺得很生氣。不過，如果你對子女說些：「我是怎麼把你養大的……」這種碎碎唸的話，子女反而會感到有負擔，會很想躲避你。

感到子女看輕你，一定要馬上表達不舒服感受

因此，如果你開始感覺子女似乎看輕你，就要馬上以冷靜明確的態度說：「你這種態度，會讓我覺得你看不起我，所以我的心情很不好。」清楚告訴子女你當下的感受。

大部分的子女，若聽到父母說出自己感到不舒服，通常就會知道自己錯了，也會立刻向父母道歉：「我沒想到我的言行會讓你們不舒服，以後我會注意的。」

父母和子女之間，有著非常親密的關係，但每個人卻又是獨立的個體，有獨立的想法，所以有時比較容易產生誤會。做父母的，千萬不要隨意解讀子女的態度，不妨直接將你的感受坦白告訴子女，這樣才能解決誤會，維持良好親子關係。

48

擊退討厭的情況21號

遇到惡鄰居

致勝關鍵

「不要自己出面，請住宅管理委員會交涉」

許多人都已習慣住在公寓大樓的生活，的確，大樓公寓帶給人們許多生活上的便利，但由於必須在密集空間下和很多人一起生活，所以如果無法與鄰居維持良好關係，生活上就會有很多不便之處。尤其如果隔音設備不佳，便會常聽到隔壁住戶的聲響，也因此可能與鄰居發生爭吵。

惡鄰居吵鬧不休案例

樓上鄰居從早到晚都在擾人吵鬧

結婚第三年的白小姐，好不容易買了房子，但樓上鄰居卻一直很吵鬧，讓她每天都覺得很煩。從早上六點開始，白小姐一整天都聽得到小孩

擊退討厭的情況21號

遇到惡鄰居：**不要自己出面，請住宅管理委員會交涉**

的吵鬧聲、丟玩具的聲音、小孩跑來跑去的腳步聲，讓她無法好好休息。白小姐有個剛滿一歲的兒子，每次兒子要睡午覺時，總因爲樓上小孩的吵鬧聲，無法入睡而時常哭鬧。

有一天，白小姐實在忍無可忍，便上樓找鄰居溝通，請他們配合小孩的作息安靜一點。這時剛好有幾位鄰居太太到那戶人家走動，太太們就一起說：「有孩子的家庭都是這樣，不需要這麼計較，不喜歡，搬家不就得了。」看到他們的態度，白小姐只好無可奈何地回家，但心情還是忿怒不已。

請大樓警衛或管理委員會出面，有助解決事情

鄰居因吵鬧影響你的正常作息時，其實並不需要自己登門拜訪表達不滿，遇到這種情況，通常找大樓警衛或管理委員會協助解決比較好。如果警衛無法解決問題，當然就要由管理委員會出面強烈抗議才對。

美國的公寓住宅生活，也常常發生類似問題。有趣的是，與鄰居關係非常好的人，若遇到這種問題，第一個找的就是公寓管理人，因爲公寓管理人有義務解決住戶們的不便，而且比較能以客觀立場介入問題。

49

擊退討厭的情況22號

被問到沒禮貌的問題

致勝關鍵

「反問他：我也想知道，你告訴我答案吧！」

東方人好像特別有好奇心，就算是別人的私事也會很想知道，於是喜歡毫不避諱地直接提問，這一點和尊重他人隱私的西方人很不同。

探人隱私案例

很多人喜歡問一些很難公開的私事

記得我在某大企業上課時，有些人會問我：「老師，妳先生是做哪一行的？」結婚前很多人會問：「妳爲什麼還沒結婚？」結婚後又有人問：「妳什麼時候要生小孩？」、「那枚戒指值多少錢？」、「妳家有幾坪大？」

諸如此類令人難以公開的私人問題。甚至還有人會開一些黃色玩笑：

胖胖？
結婚？
房子？
錢？
男人？
戀愛？
工作？
能力？
肥肉？
要是敢再問，小心，
我連你也丟進這裡面！
戀愛？
男人？
結婚？
垃圾桶

「妳昨晚到底做了什麼，黑眼圈都跑出來了」、「妳最近常發脾氣，老公對妳不好是吧？」讓人感覺很受侮辱。

我並不是什麼需要上電視談話性節目的藝人，所以覺得連這種無禮的私人問題也得回答，實在很荒謬，令人不悅。後來，我去美國唸了溝通方面的學科後，才了解我根本不需要回答這種既無禮又無聊的問題。對於那些常問無禮問題的人，我當然不需要乖乖回答。如果你不希望對方一直問你無禮的問題，你可以反問：「我有必要回答你的問題嗎？」

後來，每次有人問我無禮問題時，我就會直接反問他：「你爲什麼那麼想知道？」或者「我也不知道爲什麼，如果你知道的話，請你告訴我。」用這類方式直接回答對方。這是一種不需要攻擊對方，卻又能用一句話讓對方啞口無言的方法。

50

擊退討厭的情況23號

有人提出過分的請求

致勝關鍵

「簡單明確拒絕，不要留想像空間」

有一就有二。一旦你接受了原本不想接受的請求，對方向你提出請求的次數，就會愈來愈多。在女兒生日當天，請你幫忙加班的同事；專挑快下班時間開會的主管；向你借錢的同學；請你當保證人的親戚；你沒錢，還要你請客的學弟；不喜歡的異性朋友邀你出去；一直找你應酬喝酒的客戶……等等，各式各樣的要求都有。如果你一直不表態拒絕、說出這些事你不想做，那麼這些鳥事便可能一輩子跟著你。

表態要確切清楚，婉轉迂迴根本拒絕不了

如果你不懂得用一句話拒絕這些過分要求，人們就會得寸進尺，持續要求你做些你不想做的事情。其實，你若不想做，儘管大聲說出你不想做，這樣人們才不會一直糾纏你。但如果你拐彎抹角表達拒絕，那麼根本拒絕不了。

當有人開口向你借錢時，千萬不要用這種藉口：「怎麼辦？昨天我弟弟已經跟我借錢了。」來拒絕，一定要很明確地說：「我也沒錢，所以不能借你，對不起。」直接拒絕對方。另外，如果你已經想和情人分手，但他卻約你一起吃飯時，千萬不要用「今天身體有點不舒服」之類的藉口婉拒，而要明確地說：「抱歉，我今天沒有心情和你吃飯。」來拒絕對方的要求。

拒絕對方的要求時，如果想用委婉、好聽的話加以拒絕，以免傷人，那麼對方根本不會放過你。因此，一定要以明確、簡單、明瞭的方式向對方說：「ＮＯ」。

51

擊退討厭的情況24號

不喜歡的人對我示愛

致勝關鍵「私底下找場合，慎重拒絕」

如果有一個你不喜歡的人對你示愛，相信很多人都會不知所措。示愛，需要很大的勇氣，如果你拒絕對方的方法不正確，很可能會讓人感到羞辱；甚至對方如果個性強烈，很可能會對你做出不好的事情，因此更需謹慎處理求愛。

以錯誤方法拒絕示愛，可能影響自己今後的人生

我們通常很難拒絕人家的示愛，尤其對方是我們不喜歡的人時，這是因爲愛情是一種力量強烈的情感，無法讓人以冷靜態度來強烈回絕，如果

強烈拒絕對方，會使他感覺很受侮辱，因此拒絕求愛是需要學習的。要學習，如何以最低調、最明確的態度，拒絕對方的示愛。

愛情是比較另類的溝通屬性，如果某一方拒絕，另一方對愛情的執著反而會更加強烈。因此，如果一個你不喜歡的人對你示愛，但你用了不恰當的方式拒絕，很可能會增強對方的執著，甚至你的人生也可能因此掉到谷底。

面對你不願意發展的愛情，如果用很明確的態度拒絕，雖然有時會破壞人際關係，但卻不至於讓你的人生掉到谷底。但如果你用不明確的態度回應，通常可能發生不願意的性關係，甚至會發展成不願意的婚姻，因而完全毀掉自己的人生。

私下約對方談清楚，慎重明確拒絕

複雜的理由、藉口、不好意思之類的態度，根本無法傳達你拒絕對方愛意的企圖。如果你對他說：「我沒有資格接受你的愛」或「時機還沒到，我還有很多事要做」這類回絕的藉口，對方則會說：「你當然有資格」、「現在就是最好的時機」以更強悍的意志，表達他對你的愛。

因此，如果你遇到這種情況，千萬不能用憤怒的口吻直接拒絕對方，最好的方法是，安排一個場合約他出來，用很愼重的語氣對他說：「我很感謝你對我的好意，可是我對你沒有愛情方面的感覺。」就這樣明確告訴他，你對他的感覺。如果他的態度還是不變，那麼這時就可以用很冰冷的口吻再次告訴他：「我們兩個是絕對不可能發展出戀愛關係的！」

拒絕對方的愛情時，如果你加以拒絕的態度非常強硬，通常會讓對方感到羞辱，爲了替對方保留顏面，千萬不要讓第三者發現這樣的場景，所以低調、私下處理比較好。

52

擊退討厭的情況25號

有人不遵守公共秩序

致勝關鍵

「不要自己發揮正義感，請找負責人處理」

有些性急的人，開車時，一定要超越前方的車才會高興；不想排隊時，就會想盡辦法插隊，這種人往往會影響公共場所的秩序。像是大型賣場或公開場合這種很多人聚集的地方，便很容易看到有人插隊。

有人不守公共秩序案例

有人買了很東多西，卻在小量購物櫃檯結帳

張小姐因爲工作忙碌一直沒時間去賣場，剛好有一天比較早下班，便直接去賣場買一些日常用品，她只買了牙刷和除濕劑，便直接到小量購物櫃檯結帳，排隊時她發現前方排了一個推車塞滿東西的太太。

張小姐很慎重地對那位太太說：「這裡是小量購物顧客的結帳櫃檯，請您到隔壁櫃檯結帳！」那位太太立刻指著櫃檯上的看板（購物商品十項以下）：「我買的東西是十項以下啊！」張小姐說：「太太，我看妳買的東西一定超過十項！」接著那位太太也很生氣地說：「如果我的東西沒超過十項，妳要怎麼辦？」李小姐也大聲地說：「好啊，我們就來數一數！」她們兩人就這樣發生了肢體衝突。但是顧客之間發生了這麼大的問題，賣場職員卻只是遠遠地看著，而沒有人來阻止她們。

請店長或負責人出面解決，不要自己發揮正義感

張小姐的公共道德精神令人欣賞，但我們其實不需要和那種連自己錯在哪裡都不知道的人打成這樣，和這種人發生衝突，痛苦的不是別人，而是張小姐自己。遇到這種情況，你根本不需要和那位太太打架，只要等輪到她結帳時，如果櫃檯小姐不請她到別的櫃檯結帳，再直接向櫃檯小姐反應，如果櫃檯小姐還是不糾正問題，就立刻請店長過來。

大部分充滿正義感的人，會將所有問題攬在自己身上，習慣自己解決。但是類似問題，如果由你自己解決，一定會產生很多問題；其實，請

有人不遵守公共秩序：**不要自己發揮正義感，請找負責人處理**

一家店的店長或管理者來糾正，才是最快速、最恰當的解決方法。如果你無法在公共廁所或公共場合找到負責人解決問題，無論問題是大或小，千萬不要由自己解決，最好和平收場較妥當。

53

擊退討厭的情況26號

遇到惡醫生

致勝關鍵

「醫生建議的醫療行為，不需全盤接受」

醫生寫處方籤時，都會用拉丁語書寫，主要是爲了不想讓病患知道，阿斯匹靈這類很容易在藥局買到的藥怎麼寫。也因此，大部分病患都會崇拜比自己有學問、有權威性的人。

醫生也是人也有私心，可能濫用權威圖利自己

曾有一項調查是針對常去醫院的病患所做，調查顯示，很多醫生無法拿捏好對病患的權威性，換句話說，便是濫用權威。由於坊間診所變多，

營收呈赤字的診所也很多，這時就會有很多醫生利用權威，要求病患進行不必要的檢查或手術，大部分病患其實也知道那些醫療行爲是多餘的，但就是無法拒絕醫生的建議。

要怎麼面對醫生濫用權威的狀況？當醫生要求你動手術或做檢查，先不要在當場接受，而應該用慎重態度對他說：「我決定後就會來！」這樣不但不會影響到醫生的心情，也能當場拒絕醫生的要求。因此，從現在開始，請丟棄「一定要服從醫生建議，才能得到最好治療」的心態。如果醫生的態度讓你覺得很不舒服，就找個理由委婉拒絕就行了。如果醫生不告訴你重要病情資訊時，就拿出具體例子詢問他，這樣就可以得到你要的答案。請見後面參考實例。

惡醫生濫用權威案例

醫生敷衍病情，讓人感覺不舒服

江先生是個律師，他在首爾大學醫院做完腎臟癌手術後，總感覺開刀的部位不太對勁，所以每次醫生巡診時，他都趁機問醫生原因，可是醫生每次都告訴他：「因爲肚皮厚度的關係，需要多一點時間恢復。」簡短地以需要時間恢復爲由，回答江先生的疑問。

江先生覺得皮膚科醫生和內科醫生都互推責任，不理會他的感覺，所以拒絕醫生的挽留，決定出院。就在他決定出院時，每個醫生都對他說：「出院後，若發生了什麼問題，你得自行負責。」面對醫生這種態度，江太太覺得很不安，但江先生又一直堅持要出院，於是出院後，便帶江先生去家裡附近的皮膚科診所，和醫生商量後，重新縫了傷口，很快就恢復了。

你當然可以仰賴醫生的專業權威，接受建議。不過，如果你內心覺得很不舒服、想加以拒絕，那就不要勉強接受他的建議。身爲病患的你，如果覺得沒受到合理舒服的對待，並不需要被醫生壓迫，勉強接受醫療建議，醫生當然也會尊重你的權利。

54

擊退討厭的情況27號

遇到惡律師

致勝關鍵

「簽約前，先確認合約能否保障權益」

土地及不動產等財產紛爭、移民以取得其他國家國籍、受到不當解雇及違約……，我們在許多生活層面上都會需要律師的幫忙，可是對一般人而言，法律用詞實在很難了解，即使雇用了律師，卻似乎不得不被律師權威壓迫，什麼問題都不敢問。

惡律師不負責任案例

合約簽訂前後，嘴臉不一

我在美國申請綠卡時，就曾因爲律師的權威態度，以及美韓有不同文化差異，雙方爭執了很久。律師一直說服我申請綠卡，但卻沒盡到綠卡面談練習的義務，結果我當然沒通過面談，但他卻推拖認爲這不是他的問題，甚至說他會幫我解決後續問題，可是事後卻一直沒聯繫我。每次我打電話詢問目前進度時，他都會以正在商談公務爲由，一直迴避詢問。即使寄電子郵件他也不回覆，態度和我當初委託他的時候，完全不一樣。不久，我才知道，除了我，還有很多受害者，甚至有人控告他移民詐欺，把他抓進了牢裡。

那個律師事務所之後由其他律師接手，有個美國律師發通知，要我申請損害賠償，爲了此事，我於是委託僑胞玉律師幫忙。可是玉律師卻沒在時間內提出相關資料，我理當收到的賠償金，也因此被人拿走，而當我再次請他領回屬於我的東西時，他卻要求我支付委託費用。雖然玉律師是我的僑胞，但他也和前一位美國律師一樣，委託案成立前，總是親自接電話，一旦合約簽訂，就一直以商談公務爲由，不接電話，連張字條也不留。由於他是僑胞，也接受許多僑胞委託處理類似案子，但僑胞們和我一樣，也都會抱怨他。

我當然無法原諒這些前後嘴臉不一的律師，所以很想治治他們。美國有一個很好的制度，可讓人透過每一州的法庭網頁，揭發律師們的假面具。於是我立刻收集玉律師的資料，送去加州法庭告他，想藉此保護僑胞們的權益。

若有任何不懂的法律問題，絕對可請律師說明

律師工作，雖然是一門專業，但當你委託律師處理案件時，你就是消費者，而律師自然就成了販賣者。消費者本來就有挑選商品的權利。因此，如果你對法律用詞不了解，你絕對可以要求律師，請他仔細說明。另外，委託案件時，簽約前，務必清楚了解合約內容，如果有些條文你無法同意，應該要求律師修正合約內容後才蓋章，因爲合約內容中，很多條文都是對律師有利，所以每項條文都應該確認清楚後，再委託下一階段的事情。

案件進行中，如果律師向你反應，發生了合約內容以外的事情，而要求你提出訴訟或仲裁，若你認爲不適當，便不需要再追加委託。別忘了，你將案子委託給律師，等於是你雇用他，他當然得聽你的指示。

55

擊退討厭的情況28號

銀行看不起人

致勝關鍵

「向銀行貸款要有自信，因為你才是客戶」

你是否曾受過銀行不貸款給你的委屈？抵押物品不足，可是又急需用錢時，銀行貸款窗口那種看不起人的態度，若非經歷過的人，很難體會那種不受尊重的感受。

通常在沒有保證人或沒有抵押物品的情況下，向銀行貸款，銀行行員的確比較容易擺臉色。一般人雖然心裡很不是滋味，但爲了解決金錢困境，通常還是得心平氣和不動怒，甚至要討好對方。

銀行看不起人案例

公司經營狀況呈赤字，需要向銀行貸款週轉

顏總經理，三年前接手一家每年赤字達三千億元（約台幣九十九億元）的玻璃工廠，花了三年，他終於將公司營運轉虧爲盈，營業額高達七千億元（約台幣兩百三十三億一千萬元）。之後，顏總經理做的第一件事，就是換掉過去主要往來的銀行。三年前顏總經理接收這家赤字公司時，他曾向銀行保證，一定會讓這家公司轉虧爲盈，希望銀行貸款給他，但銀行卻用很多藉口，不讓他順利貸款。

當時，顏總經理雖然不符合貸款條件，但如果他的態度夠理直氣壯，銀行行員絕對不敢看不起他。大部分的人都是遇弱則強、遇強則弱，如果你胸懷坦蕩地說：「我向你們貸款，是讓銀行賺錢。」之類的話，相信沒有人敢看輕你。

面對銀行要有自信有氣勢，才不會被看輕

對銀行貸款窗口而言，貸款出去的錢如果回流得很快，就會增加自己的業績。但如果有人不還錢，就得由自己來負擔。因此，大部分的銀行行員當然會視對方情況，來決定是否要貸款給對方。

如果你能讓銀行行員感覺：「這個人本來就是個有錢人，只是現在需

要一點錢來週轉而已。」貸款就會比較順利。向銀行貸款時，其實不需一五一十誠惶誠恐說明自己的情況，只需簡潔磊落地說：「我們公司每年營業額XXX元，最近只是需要一些資金週轉而已。」這時如果對方說：「你的抵押物品不足。」千萬不要被嚇到，應該要更自信滿滿地說：「如果抵押物品充足，每個人都有資格貸款，但這個時候，如果銀行肯貸款給我，貴行就會是我未來主要往來銀行。」就這樣理直氣壯說出這些話，不管是否能成功順利貸款，銀行行員一定不敢看輕你。

56

擊退討厭的情況29號

軟弱地流下眼淚

致勝關鍵

「別小看流淚，這是更有力的抗議」

有時候，被人冤枉時，實在很想大聲爲自己辯駁清白，可是偏偏個性不夠堅強，話都還沒說出口，眼淚就先流出來，而讓對方看到自己軟弱的一面。

當你想說出平常很難開口的話，但還沒開口，眼淚反倒先流出來，此時並不需要刻意隱藏自己的眼淚。當你想抗議、反駁別人說的話，如果先流出眼淚，就這麼自然坦率地表露吧！因爲如果你覺得自己表現軟弱、不稱頭，而慌亂地想加以掩飾，只會讓人覺得你很軟弱，你反而更無法坦率表達意見。

流眼淚、不說話，也是一種溝通方式

說話，是爲了好好與人溝通你內心的想法。但除了說話，用表情或動作來傳達想法也無不可。所以用不著說半句話，用眼淚表達想法的方式，也能讓對方了解你的內心世界。

因此，別擔心讓人看到你的軟弱，不管遇到什麼問題，如果你不說一句話，只流下眼淚，隨即轉身離去，反而會讓對方感受到這是一種強悍的反抗。

57

擊退討厭的情況30號

一直被追究錯誤

致勝關鍵

「先讓對方發洩情緒，再理性溝通」

哎呀，不小心忘了傳達重要訊息給主管；想其他事情閃神了，不小心撞到前方車輛；別人寄放的東西，忘了究竟放哪裡；和人約定碰面，卻忘了赴約……，這些「恍神」狀況，不論是誰偶爾都可能發生，這時若誠懇向對方表達歉意，通常都會被原諒。

可是如果你遇到個性很強硬的人，有時不但不接受道歉，還一直追究你的過錯，這時每個人心裡都會想：「這會不會太過分了一點，我都已經道歉了！」如果你遇到這種一直被追究錯誤的狀況，雖然心裡很生氣，但緊閉嘴巴不要反駁，就是掌控此局面的唯一方法。每個人都有情緒，只是有些人脾氣比較大，這時給對方一點發洩時間，等他發洩完了，再提出你的想法也不遲。

一直被追究錯誤案例

不小心撞到前車，對方卻一直罵個不停

有一次，我在上班途中不小心撞到前方車輛，當時我自己也嚇得不敢亂動，好不容易安撫自己情緒後，才看到前方車上貼了「車上有小孩」的字樣，我擔心小孩的安危，便立刻衝出車外，這時前方駕駛也很生氣地衝出來。

對方很生氣地說：「你眼睛長到哪裡去了，沒看到『車上有小孩』的字樣嗎？」他就這樣一直對我大吼大叫，雖然我不是很能接受這種沒禮貌的態度，但我還是一句反駁的話都不說，只對他說：「對不起！」對方還是一直抗議：「知道還撞過來？」好像我故意去撞他的車似的，一直罵個不停。後來我對他說：「如果我知道車裡有小孩，怎麼可能故意去撞你呢？我只是一時不小心撞到你的車，眞的非常抱歉。」我就這樣一直致歉，並拿名片給他，如果孩子發生什麼異常狀況，請他與我聯繫。

當時，我的確快受不了對方趾高氣昂的追究態度，差點就迸出：「我

又不是故意撞到你的車，你這種態度會不會太過分了一點。」不過，我還是讓他繼續發洩情緒，並一直對他說：「如果孩子發生什麼狀況，請跟我聯絡。」就這樣等他發洩完情緒，才妥善處理了這件事。有些人，的確會很過分地一直追究別人的錯誤，對付這種人最好的方法，就是不要刺激他，等他發洩完，才有辦法理性溝通。

58

擊退討厭的情況31號

買到瑕疵商品

致勝關鍵

「事先了解消保法相關條文，再交涉」

送洗的衣服出問題時；無法拒絕親戚推薦，而買下健康食品，後來發現不適合自己身體狀況時；業務員強力推銷商品，購買後發現是瑕疵品時……，遇到這些時刻，誰都希望能獲得補償或退錢。

遇到這種問題，剛開始一定會很生氣，但千萬不能馬上情緒化對應，而是要冷靜下來，準備好對應方式，才不會發生糾紛。這時和業務員爭吵，反而無法解決問題。業務員通常沒有權限處理退貨或賠償問題，一定要找店長或最高層負責人才能解決問題。如果你沒找到對的人解決問題，而不管三七二十一地對業務員說：「這種東西也敢拿出來賣？」這種態度會使對方無法以理性幫你解決問題。

找到負責人，理性表達對商品或服務的意見

因此，請找到有權限、有能力的負責人，簡單明瞭說：「麻煩你退錢給我！」或是「請幫我換其他產品！」但如果你情緒化地向對方反應：「你們的廣告打得很好，可是都是騙人的！」可能會有反效果，對方不可能積極、有誠意地理會你。

如果出面處理的負責人，是個經驗豐富的業務員，他一定會找更有說服力的理由，讓你繼續使用產品。這時你千萬不能心軟，一定要明確表達你的想法，如果他還是不願意退錢給你，這時就可拿出事先調查好的消保法退款或換商品條文，讓他們參考，如此就可解決了。

59

擊退討厭的情況32號

老是過度消費

致勝關鍵「每日記錄收支，控制預算」

功能好外型美的電腦、手機、車子、服裝、飾品；能有效幫助家庭主婦做掃除的用品；防止老化的健康食品；幫助子女學習的玩具及書籍……，這些產品實在很容易誘人購買。在商業競爭激烈的情況下，各家商店誘惑消費者的手法自然花招百出，很多人就是被行銷策略所蒙蔽，一時衝動刷了卡消費。

如果你不想被業務員誘惑，購買事後會讓你後悔的商品，就要事先徹底做好消費計畫。我過去也曾經因爲業務員口才太好，說服我花用了預算以外的金錢，於是辛苦還錢了好一陣子。如果你對於「一次購買XXX元以上的化妝品，送旅行箱」的類似行銷手法，感到心動，而花了一筆不必要的錢；或是被十個月分期付款零利率的廣告所吸引；相信你一定知道這些消費，只會讓你事後後悔不已。

明確記錄收支，設定消費底線

想經得起業務員的口才誘惑，避免自己胡亂消費的方法，那就是明確記載收入及支出。我也曾過著一種支出比收入還多的生活，後來當我學會使用EXCEL軟體，便把每天的收入及支出都記錄在電腦裡，這樣就能看到收支明細，也因此可減少過多不必要的支出。

若你能設定個人預算、控制消費支出，就算廣告文宣再誘人，從今以後，你也能夠很堅定地向舌燦蓮花的業務員、向花花綠綠的行銷手法說：「NO」。

Chapter 3 贏過自我弱點

60

擊退自我弱點1號

與人溝通畏畏縮縮

致勝關鍵

「說話講重點，就會有條理有自信」

在光明正大的場合中，你是否會畏畏縮縮？若答案是肯定的，主要原因是：你從沒接受過如何發言、如何傾聽的教育。因此，如果你與主管或客戶應對時感到挫折、沒信心，並不需要自責，任何沒受過如何發言這類技巧教育的人，通常都會像你一樣。

當你對自己的講話技巧沒信心時，可別老是用「我的想法不重要……」、「你應該不會想知道我的想法……」之類的言詞矮化自己，這樣會使你看起來更沒自信；而如果你是用「那個很難……」、「很抱歉，我無法出席那場宴會」等否定方式發言，則更容易給人負面印象。

因此，從現在開始，無論對方的職位多高，請先省略不必要的形容詞，簡單明瞭表達出你的重點就好。如果你對自己要說的話沒信心，那就先把內容寫下來，邊看邊練習，這樣一來，你很快就能看到自己的成長與變化。

61 擊退自我弱點2號 總是無法冷靜下來

致勝關鍵 「氣頭上不要亂說話，以免禍從口出」

大部分的人都很容易被一點小刺激給激怒，可是憤怒只會讓人失去冷靜，無法好好處理事情。生氣時，說話通常不會經過大腦思考，在持續緊張的狀態下，很容易出問題。氣頭上說出的話，一定是你最不願意說出的話，因此如果這些話狠狠刺在對方胸口上，事後一定會使你感到痛不欲生。

若當下不能忍這一口氣，心軟、意志薄弱的你，最後一定會屈服。建議你，生氣時，千萬不要一直執著於生氣的原因，應該先讓自己冷靜下來，這樣才有辦法繼續與對方互動。想要靜下心，或許可以數一數數字，不管是什麼情況，只要夠冷靜，一定能迎刃而解。

62

擊退自我弱點3號

無法持之以恆

致勝關鍵

「每天盯緊自己，實踐向上的決心」

想變成有錢人、想擁有成功的社會生活、想成為好的領導者……，事實上，從生活中的小習慣，就知道你能不能成功。成功的人，一定擁有可敬可佩的好習慣，但一般人往往因循舊習慣、壞習慣，很難養成新的、正面的好習慣，難怪成功、做大事的人總是那幾個。

建議你，從本週開始，一週七天裡，你可立下各種計畫與習慣：「我每個月要讀兩本書」、「每天要固定運動三十分鐘」、「重新開始學習外語」、「我要開始減重」、「每週喝酒次數不超過兩次」……，每天都有新的作息與學習內容。

若你想好好持續決心與習慣，以奠定未來成功的基礎，一定要讓很多人知道你的決心。告訴別人你立下的決心，日後自然會有許多人關心你是否做到了，如此一來，面對外界壓力，你自然會更加努力，遵守這份對自己許下的決心。

此外，你還可把立下的決心事項，貼在牆壁上；可能的話，最好製作一張表格，確認你是否每天都做到了。若能每天做到、每天確認的動作，就根本不會有任何空間、任何藉口讓你想放棄了。

63

擊退自我弱點4號

不容易寬恕別人

致勝關鍵「學習看見別人的優點」

無法原諒別人犯的錯，你便是個沒肚量的人。或許到目前爲止，生性不服輸的你，人生一直是很成功的。但你若因爲好強，而同樣嚴以律人，無法原諒別人犯的錯，就這樣一直對人很嚴苛、很沒同理心，這一路上，一定傷害了不少人。

別忘了，沒有人願意輸，每個人基本上都有一定程度的好強與自尊心，所以這些不被你原諒寬容的人，他們對你的怨恨也會愈來愈深，如此一來，你不就等於是替自己樹立愈來愈多敵人嗎？這樣對人際、對事物的推展，一點好處也沒有。而且換個角度想想，如果你知道別人都很討厭你、怨恨你，你心裡也會不好過，可不是嗎？

從今天起，不要斤斤計較別人犯下的錯。面對你不喜歡的、討厭的人，盡量每天試著找出他的優點，與之交流。在這樣的過程中，你一定會不知不覺開始看到對方的優點。

別為了小事，
拼了老命！
咬
刺
咻
啪
我們的經理
已經變成活
菩薩了！

64

擊退自我弱點5號

一直沉溺在情緒低潮

致勝關鍵

「一定要自我鼓舞、自我安慰」

一向忙於工作的人，有時候，突然間會什麼事情都不想做，但如果你真的讓自己隨波逐流地懶散下去，你的情緒就會愈來愈低潮。

人生就像一場馬拉松，當你因無法投入工作而感到徬徨時，別忘了，你的競爭對象們正在超越你。一旦被超越，便每下愈況，你可能會愈來愈沒鬥志，甚至可能放棄。

成功的人，背後往往有很多痛苦經驗與故事。如果你沒盡最大的努力，是絕不可能成功的。所以，遇到低潮時，千萬不要對自己失望，反而應該好好安慰自己，讓自己重新站起來。遇到傷心或沮喪的事，一定要不斷鼓勵自己，不知不覺中，你的身體就會跟著你的心，慢慢地動了起來。

65

擊退自我弱點6號

無法解除「有問必答」的壓力

致勝關鍵

「你可以用「我不太了解」來回應」

大部分的人被問到出乎意料的問題時，都會不知該如何是好，原因在於：壓力，那種有問必答的心理壓力。

其實，對於不需要回答的、不想回答的尷尬問題，你可以換個方式說：「這個問題眞的很有趣！」或是「這個問題問得很好！」這樣就能帶過去了。如果人家問你的問題，你不是很了解，那就坦白回答對方：「我不太了解！」若是事關重大的問題，你也可以用「我不太了解」來愼重回應。如果你想反駁對方的問題，可以說：「你所掌握的訊息不是很好，但是……」如此一來，便能減少對方的反感，還可反駁對方的詢問。

66

擊退自我弱點7號

不敢在眾人面前發言

致勝關鍵「準備充分，就不會害怕」

體格壯碩如大象、個性兇猛像獅子的人，發表言論時，也可能會變成膽小鬼，感到害怕或痛苦。

大部分的人幾乎都會對公開發言感到害怕，主要原因在於：準備不充分，然後又遇到無法回答的問題。這就好像：戰場上的士兵，如果不了解敵人，便會感到害怕的道理是一樣的，然而，一旦摸清敵人的底細，就會變得像老虎一樣勇猛了。

如果你覺得自己是個膽小鬼，請好好想一想，不管做什麼事，你是否都會做好準備，因爲如果準備不足，不管做什麼事都會感到害怕。

第200次面試。
不要緊張，
打起精神
面試號碼：
333號，
許風扇！
是…是 ，
你是男性吧？
韓國小姐選拔
呃…，
我來錯
地方了

67

擊退自我弱點8號

總是沒勇氣說出實話

致勝關鍵

「說實話，既坦率又自信」

你常常沒辦法很有自信地說出想說的話？這是因爲你沒勇氣說出「實話」。如果你的主管在很多同事面前問你：「怎麼樣，進度如何了？」這時你卻吞吞吐吐地回答：「是……，就是那樣……」這類含糊帶過的話，這會讓人覺得你不坦率，讓人覺得你是一個會隱瞞情感、隱瞞實際狀況、不眞實的人。從另外一個情況來說，如果你是一個對自己很誠實的人，當主管稱讚你的時候，便不會故做謙虛，而會坦蕩蕩地說聲「謝謝」！

68

擊退自我弱點9號

想要以說謊，暫時度過危機時

致勝關鍵

「面對危機，沉默不語也算面對」

面臨危機時，大部分的人都會想避開。但危機並非偶發事件，危機，通常帶有連續性，為了避開一個危機而說了一個謊，下一個危機就會隨之而來，而且會讓你得撒更大的謊。

因此，就算你面臨攸關生死的危機，也不能以謊言來避開。遇到造成你危機感的人，如果沒有勇氣，就不要與他頂嘴。當一方不說話，兩個人便無法溝通，只要你緊閉嘴巴不發表任何意見，對方就會慢慢鬆開對你的壓迫。所以，面臨危機，別老是想著要逃避，不逃避，就用不著以謊言來避開危機了。

其實…
這樣…那樣…
坦白說…
就是這樣…就是那樣…
變長！
老實說…
這件事是那樣…
那件事是這樣…
變長！
不要再
騙人了！！
變長！

這樣溝通最有效

之

人際關係大考驗

掌握人際關係，掌握成功人生。

人生，是一段充滿風風雨雨的旅程。

希望擁有成功的人生，祕訣在於我們如何控制管理與人際、與自我的衝突。發生衝突，有些人就是很容易能解決，有些人每次則不論遇到大小衝突，往往都經歷得非常辛苦，而且很痛苦。

如果你想了解自己控制及管理人際關係能力，以及如何處理各種討人厭的人際情況，那麼請先往下做測驗，了解你目前處理人際、面對自我的能力如何，再對症下藥，閱讀《這樣溝通最有效》這本書的某些篇章，希望裡頭的建議，能幫助你解決人際難題。

TEST 1

你的人際關係好不好？

俗話說：「做人比做事重要。」這意思是說，如果你的人際關係好，在很多事情的推動進展上，一定會因為人和，而比較順利。現在就來看看你和人群相處得怎麼樣吧？

問題1

看第一眼，我就知道這個人很討人厭。

❶ 一定會這樣
❷ 蠻常這樣
❸ 偶爾會這樣
❹ 通常不會這樣
❺ 絕對不會這樣

問題2

遇到和我看法不同的人，我會很努力讓他改變看法。

❶ 一定會這樣
❷ 蠻常這樣
❸ 偶爾會這樣
❹ 通常不會這樣
❺ 絕對不會這樣

問題3

在職場上，我常遇到個性怪異的同事。

❶ 一定會這樣
❷ 蠻常這樣
❸ 偶爾會這樣
❹ 通常不會這樣
❺ 絕對不會這樣

問題4

看到有人犯錯，我一定要在背後說他幾句，心裡才會舒服些。

❶ 一定會這樣
❷ 蠻常這樣
❸ 偶爾會這樣
❹ 通常不會這樣
❺ 絕對不會這樣

問題5

在大街上看到不認識的人犯了錯，我認為應該要找他理論。

❶ 一定會這樣 ❷ 鮮常這樣
❸ 偶爾會這樣 ❹ 通常不會這樣
❺ 絕對不會這樣

問題6

一個會被別人的固執或權威壓迫的人，在我看來，是最沒種的人。

❶ 一定會這樣 ❷ 鮮常這樣
❸ 偶爾會這樣 ❹ 通常不會這樣
❺ 絕對不會這樣

問題7

我待人處世往往不會有任何戒心，但也因為太容易相信人，所以常被人出賣。

❶ 一定會這樣 ❷ 鮮常這樣
❸ 偶爾會這樣 ❹ 通常不會這樣
❺ 絕對不會這樣

問題8

如果有人的行為或態度不當，不管他的職位是否比我高，我認為應該要直接向他反應才對。

❶ 一定會這樣 ❷ 鮮常這樣
❸ 偶爾會這樣 ❹ 通常不會這樣
❺ 絕對不會這樣

問題9

我個人認為，正因為大部分的人對不好的事總是睜一隻眼閉一隻眼，這個社會才會變得這麼亂。

❶ 一定會這樣 ❷ 鮮常這樣
❸ 偶爾會這樣 ❹ 通常不會這樣
❺ 絕對不會這樣

問題10

能和我談得來的人不多，所以我比較容易感到寂寞。

❶ 一定會這樣 ❷ 鮮常這樣
❸ 偶爾會這樣 ❹ 通常不會這樣
❺ 絕對不會這樣

解答：

上述各題，選❶的分數為2分，選❷的分數為4分，選❸的分數為6分，選❹的分數為8分，選❺的分數為10分。

80分以上

如果你的分數是80分以上，代表你的個性比較容易避開衝突、很好相處，但是如何在避開衝突的同時，也能減低自己內心的壓力，建議你有空多看看《這樣溝通最有效》這本書。

60~80分

如果你的分數是60~80分，代表你和人群相處得還不錯，但是一遇到衝突，則比較容易感到壓力。如果能夠排除這種壓力，你將能更融入社會這個生活圈，如此也將離成功更接近。尤其，如果能常常閱讀《這樣溝通最有效》這本書，將會帶給你不少幫助。

40~60分

如果你的分數是40~60分，代表你和身邊的朋友可能常發生爭吵，但其實你也不算很固執、很不能溝通的人，所以衝突還算容易解決。不過，這些經常性的小衝突往往會讓你心情煩悶，因此建議你有空多多閱讀《這樣溝通最有效》一書中的以下篇章：1、2、10、19、25、29、31、32。

未滿40分

如果你的分數未滿40分，代表你是一個很容易孤立自己的人。雖然你自認是頭正義的獅子，但別人可不這麼認為，反而覺得你是個很難溝通的人，因而不願意接近你，相對地，你與人發生衝突的機率也很多。所以，建議你，請將《這樣溝通最有效》這本書讀得滾瓜爛熟，以幫助你擁有解決衝突的能力。

TEST 2

你處理衝突狀況的能力如何？

人和人之間，一定會因為不同的立場、價值觀、想法，而有衝突不合的情況。你是一個如何面對衝突的人，是盡量避免或吵了再說？現在就來看看你處理衝突的能力如何吧？

問題1

當自己的部屬、子女之間發生爭吵時，我比較是那種會積極阻止大家爭吵的人。

❶一定會這樣
❷蠻常這樣
❸偶爾會這樣
❹通常不會這樣
❺絕對不會這樣

問題2

如果部屬對我大吼大叫，我也會反過來對他大吼大叫。

❶一定會這樣
❷蠻常這樣
❸偶爾會這樣
❹通常不會這樣
❺絕對不會這樣

問題3

當我正在安靜地聽音樂或看書，如果有人在旁邊吵鬧，我會立刻請他們安靜。

❶一定會這樣
❷蠻常這樣
❸偶爾會這樣
❹通常不會這樣
❺絕對不會這樣

問題4

如果我的主管公私不分，我會提醒他這個問題。

❶一定會這樣
❷蠻常這樣
❸偶爾會這樣
❹通常不會這樣
❺絕對不會這樣

問題5

發現有人看輕我，我一定會找他問清楚原因理由，而且會叫他向我道歉。

❶一定會這樣 ❷蠻常這樣
❸偶爾會這樣 ❹通常不會這樣
❺絕對不會這樣

問題6

遇到別人很沒禮貌地質問我，當下我會不敢回應，只會站在原地一直哭，等到轉頭後才開始感到後悔。

❶一定會這樣 ❷蠻常這樣
❸偶爾會這樣 ❹通常不會這樣
❺絕對不會這樣

問題7

為了避免發生傷害損失，我是一個什麼事情都會先確認清楚的人。

❶一定會這樣 ❷蠻常這樣
❸偶爾會這樣 ❹通常不會這樣
❺絕對不會這樣

問題8

就算部屬的要求很過分，可是為了他們的顏面，我往往會接受他們的要求。

❶一定會這樣 ❷蠻常這樣
❸偶爾會這樣 ❹通常不會這樣
❺絕對不會這樣

問題9

當父母數落我的朋友或情人時，我會對父母發脾氣。

❶一定會這樣 ❷蠻常這樣
❸偶爾會這樣 ❹通常不會這樣
❺絕對不會這樣

問題10

我總是不好意思拒絕別人的麻煩要求，也因此常常感到困擾。

❶一定會這樣 ❷蠻常這樣
❸偶爾會這樣 ❹通常不會這樣
❺絕對不會這樣

解答：

上述各題，選❶的分數為2分，選❷的分數為4分，選❸的分數為6分，選❹的分數為8分，選❺的分數為10分。

80分以上

如果你的分數是80分以上，代表你是一個會努力避免衝突、也是個會靠智慧克服問題的人。但是，每個人在衝突狀況下，往往都會受到很大壓力，如果不適度紓解壓力，則很可能影響精神方面的健康。為了你的精神健康著想，建議你，現在就開始閱讀《這樣溝通最有效》這本書，相信你是一個只要讀過一次，就能減輕不少心理壓力的人。

60~80分

如果你的分數是60~80分，代表你雖然很努力克服衝突狀況，但還是常常覺得自己的能力不足，建議你，閱讀《這樣溝通最有效》的「Chapter 2 贏過討厭的情況」，將可幫助你減少這種感覺。若沒小心處理衝突，就會很容易在心裡留下傷口，如果你能將《這樣溝通最有效》這本書當作預防針，相信一定能輕鬆度過許多棘手的人際狀況。

40~60分

如果你的分數是40~60分，那代表困難發生時，你很容易因為衝突而感到痛苦不已。建議你，可閱讀參考《這樣溝通最有效》一書中的以下篇章：7、9、22、49、52、56，會比較容易避開衝突。

未滿40分

如果你的分數未滿40分，代表你覺得這個社會對你很不公平，而經常以懷抱委屈、對社會感到不滿的心態來度日。但你是否想過，有許多人的想法和你不一樣，在這麼不公平的環境下，他們還是很開心且成功地活著。建議你，將《這樣溝通最有效》這本書好好放在書架上，遇到和書裡類似的問題時，就拿出來參考，學習如何控制衝突。如此一來，你也可以和別人一樣，過著開心且成功的日子。

TEST 3

了解你和主管、長輩相處得好不好？

在職場或家庭上，我們一定會遇到長輩，而且一定得和他相處。如果你是一個比較容易和長輩產生衝突的人，建議你一定要努力改善。現在就來看看你和主管、長輩的關係好不好？

問題 1

我認為長輩的想法都很守舊。

❶ 一定會這樣　❷ 蠻常這樣　❸ 偶爾會這樣　❹ 通常不會這樣　❺ 絕對不會這樣

問題 2

我不是一個喜歡在主管面前拍馬屁的人。

❶ 一定會這樣　❷ 蠻常這樣　❸ 偶爾會這樣　❹ 通常不會這樣　❺ 絕對不會這樣

問題 3

我認為，會在主管面前拍馬屁的人，都是沒有實力的人。

❶ 一定會這樣　❷ 蠻常這樣　❸ 偶爾會這樣　❹ 通常不會這樣　❺ 絕對不會這樣

問題 4

發現主管犯了錯誤，我認為需要立即請他改善。

❶ 一定會這樣　❷ 蠻常這樣　❸ 偶爾會這樣　❹ 通常不會這樣　❺ 絕對不會這樣

問題5

主管也是人，有時也會犯錯。我認為，主管如果發現自己犯錯，就應該向大家道歉。

❶ 一定會這樣　❷ 蠻常這樣
❸ 偶爾會這樣　❹ 通常不會這樣
❺ 絕對不會這樣

問題6

和主管意見、看法不同時，我認為應該要與主管爭辯。

❶ 一定會這樣　❷ 蠻常這樣
❸ 偶爾會這樣　❹ 通常不會這樣
❺ 絕對不會這樣

問題7

去主管或長輩常聚會的地方，我會覺得很不自在。

❶ 一定會這樣　❷ 蠻常這樣
❸ 偶爾會這樣　❹ 通常不會這樣
❺ 絕對不會這樣

問題8

如果主管或長輩請我幫忙處理私事，我會感到不高興。

❶ 一定會這樣　❷ 蠻常這樣
❸ 偶爾會這樣　❹ 通常不會這樣
❺ 絕對不會這樣

問題9

我不喜歡主管或長輩和我的家人扯上關係。

❶ 一定會這樣　❷ 蠻常這樣
❸ 偶爾會這樣　❹ 通常不會這樣
❺ 絕對不會這樣

問題10

到目前為止，我從沒遇過喜歡的主管或長輩。

❶ 一定會這樣　❷ 蠻常這樣
❸ 偶爾會這樣　❹ 通常不會這樣
❺ 絕對不會這樣

解答：上述各題，選❶的分數為2分，選❷的分數為4分，選❸的分數為6分，選❹的分數為8分，選❺的分數為10分。

80分以上

如果你的分數是80分以上，代表你是一個一直很努力和主管、長輩維持良好關係的人。不過，有時一直壓抑自己，可是會累積很多壓力的，進而影響到你精神方面的健康。建議你，可閱讀《這樣溝通最有效》一書中的以下篇章：1、2、6、7、19、23、24、25、33、34，相信對你的精神健康會有幫助。

60～80分

如果你的分數是60～80分，代表你雖然覺得不能反抗主管的意見，但你還是會在不知不覺中予以反抗。若你有能力控制與主管的衝突，相信你的職場生活會比現在更順利。建議你，可閱讀《這樣溝通最有效》一書中的以下篇章：2、6、7、10、16、17、25、26、33、34，將能帶給你不少精神上的幫助。

40～60分

如果你的分數是40～60分，代表你認為，拒絕接受主管不合理的處世態度或方式，就是一種正義感的表現。因此，你會常常對主管脫口說出不好聽的話，而使自己受到傷害或損失。別忘了，你主管掌握了對你的人事決定權，你應該學習如何聰明避開主管的不合理行為，好讓自己舒服地過職場生活，以增加幸福指數。建議你，可閱讀《這樣溝通最有效》一書中的以下篇章：1、2、3、6、7、10、19、23、24、25、33、34，將能幫助你與主管維持良好關係。

未滿40分

如果你的分數未滿40分，代表你不信任所有主管，而且會表現出拒絕他們的態度。你可能會認為，職場生活不太適合自己，但如果職場生活不適合你，那創業也不見得會適合你，畢竟創業要面對顧客，而顧客正是你未來的主管，他們可是會等著找你麻煩的。建議你，一定要把《這樣溝通最有效》這本書好好放在書架上，有狀況時，隨時拿出來閱讀，調適自己的心態，一段時間之後，你就能以放鬆的心情來面對社會生活。

TEST 4

了解你和部屬、晚輩相處得好不好？

這個測驗是為了確認你有沒有包容部屬、晚輩的雅量。在職場或家庭中，每個人都有機會和部屬、晚輩共事共處，但即使你是上位者或權力較高者，也不見得好處占盡。也就是說，一個擁有領導能力的主管或長輩，才可能擁有成功的職場或家庭生活。

問題1

我討厭年紀比我小的人，對我沒大沒小。

❶ 一定會這樣　❷ 蠻常這樣　❸ 偶爾會這樣　❹ 通常不會這樣　❺ 絕對不會這樣

問題2

部屬跟我頂嘴時，我認為當場指點他，要求他改善，這樣處理對他最好。

❶ 一定會這樣　❷ 蠻常這樣　❸ 偶爾會這樣　❹ 通常不會這樣　❺ 絕對不會這樣

問題3

一個反應遲鈍的部屬，常常讓我傷透腦筋。

❶ 一定會這樣　❷ 蠻常這樣　❸ 偶爾會這樣　❹ 通常不會這樣　❺ 絕對不會這樣

問題4

我對執行力很差的部屬會很有耐心，我會訓練他如何迅速處理事情。

❶ 一定會這樣　❷ 蠻常這樣　❸ 偶爾會這樣　❹ 通常不會這樣　❺ 絕對不會這樣

問題5

看到部屬因私人電話或網路聊天而占用工作時間，我認為應該警告他，並要求他改善。

❶ 一定會這樣
❷ 蠻常這樣
❸ 偶爾會這樣
❹ 通常不會這樣
❺ 絕對不會這樣

問題6

如果部屬為了私事而請假或遲到，我認為，身為一個主管，應該要照公司規定來加以處分，才能確立公司紀律，讓公司運作順暢。

❶ 一定會這樣
❷ 蠻常這樣
❸ 偶爾會這樣
❹ 通常不會這樣
❺ 絕對不會這樣

問題7

我認為部屬的美德，就是尊敬長輩。

❶ 一定會這樣
❷ 蠻常這樣
❸ 偶爾會這樣
❹ 通常不會這樣
❺ 絕對不會這樣

問題8

我認為，我和年紀比我小的晚輩之間，有很深的代溝。

❶ 一定會這樣
❷ 蠻常這樣
❸ 偶爾會這樣
❹ 通常不會這樣
❺ 絕對不會這樣

問題9

我對晚輩的穿著、打招呼的方法、講話的禮儀，有很大的不滿。

❶ 一定會這樣
❷ 蠻常這樣
❸ 偶爾會這樣
❹ 通常不會這樣
❺ 絕對不會這樣

問題10

我認為長輩犯了錯，晚輩可以指點我。

❶ 一定會這樣
❷ 蠻常這樣
❸ 偶爾會這樣
❹ 通常不會這樣
❺ 絕對不會這樣

解答：

上述各題，選❶的分數為2分，選❷的分數為4分，選❸的分數為6分，選❹的分數為8分，選❺的分數為10分。

80分以上

如果你的分數是80分以上，代表你是一個深受部屬喜歡的好主管，但有時候，部屬卻可能認為你是一個沒有權威感或無法做決定的主管。如果你能改善這些缺點，相信你的社會生活一定能更成功。建議你，可閱讀《這樣溝通最有效》一書中的以下篇章：5、6、10、18、25、29、30、31、32，將能為你帶來不少精神上的幫助。

60～80分

如果你的分數是60～80分，代表你和部屬之間的關係良好，但有時在不知不覺的情況下，你可能會不小心對部屬發不必要的脾氣，而失去他們對你的好感。但是基本上，你是一個為了了解晚輩，而很願意去努力的主管，相信只要再多花點心思，你就可以和部屬維持良好關係。建議你，可閱讀《這樣溝通最有效》一書中的以下篇章：6、8、9、12、18、22、23、29、30、31、32，會帶給你不少精神上的幫助。

40～60分

如果你的分數是40～60分，代表你非常努力想和部屬維持良好關係，不過，在部屬心中，你是一個非常注重權威的人，所以他們都不想與你深入討論話題，甚至不願意提供重要想法及情報。因此，你可能要多花點時間思考，該如何與部屬建立順暢的溝通，如此才能維持更良好的關係。建議你，可閱讀《這樣溝通最有效》一書中的以下篇章：1、3、5、8、9、12、15、18、23、24、27、29、30、31、32，將會帶給你一些幫助。

未滿40分

如果你的分數未滿40分，代表你比較沒有領導部屬的能力。你認為，與其把事情交給部屬處理，還不如自己做比較有效率。可是，如果你想在職場或社會上成功，建議你最好試著去信任部屬，放心地讓他處理事情，這樣才可能真正做好一名主管。因此，請你將《這樣溝通最有效》這本書好好放在書架上，一有突發狀況，隨時翻閱參考，學習與部屬的相處之道。

5
TEST

你的自我管理能力好不好？

這個測驗是想確認，你如何控制對自己的慾望，以幫助你贏得與自己的戰爭。因為唯有管理好自己，你才可能贏得與他人的競爭。

問題1

我是一個會遵守約定的人。

❶ 一定會這樣
❷ 蠻常這樣
❸ 偶爾會這樣
❹ 通常不會這樣
❺ 絕對不會這樣

問題2

我是一個一旦下定決心，就不會改變的人。

❶ 一定會這樣
❷ 蠻常這樣
❸ 偶爾會這樣
❹ 通常不會這樣
❺ 絕對不會這樣

問題3

我的體重一向都控制得很好。

❶ 一定會這樣
❷ 蠻常這樣
❸ 偶爾會這樣
❹ 通常不會這樣
❺ 絕對不會這樣

問題4

別人不關心我，我也不會去關心別人。

❶ 一定會這樣
❷ 蠻常這樣
❸ 偶爾會這樣
❹ 通常不會這樣
❺ 絕對不會這樣

問題5

只要是我決定要去做的事，不管結果如何，我都不會後悔。

❶一定會這樣　❷蠻常這樣
❸偶爾會這樣　❹通常不會這樣
❺絕對不會這樣

問題6

我是那種會努力實現小時候夢想的人。

❶一定會這樣　❷蠻常這樣
❸偶爾會這樣　❹通常不會這樣
❺絕對不會這樣

問題7

我不願意嘗試的事情，就算有人一直誘惑、鼓動我，我也不會改變想法。

❶一定會這樣　❷蠻常這樣
❸偶爾會這樣　❹通常不會這樣
❺絕對不會這樣

問題8

我會努力避免去說：「不想活」或「不想做」等比較負面的講法。

❶一定會這樣　❷蠻常這樣
❸偶爾會這樣　❹通常不會這樣
❺絕對不會這樣

問題9

我不想留給別人不好的印象，所以會盡量讓步。

❶一定會這樣　❷蠻常這樣
❸偶爾會這樣　❹通常不會這樣
❺絕對不會這樣

問題10

我有自己的生活計畫表，而且會按照計畫來過生活。

❶一定會這樣　❷蠻常這樣
❸偶爾會這樣　❹通常不會這樣
❺絕對不會這樣

解答：

上述各題，選❶的分數為2分，選❷的分數為4分，選❸的分數為6分，選❹的分數為8分，選❺的分數為10分。

80分以上

如果你的分數是80分以上，代表你是一個很能自我管理的人。但是很會控制或管理自己的人，並不表示你與他人的關係很好。若你能像管理自己一樣，好好管理與他人的關係，相信你一定能擁有成功的社會生活。

60～80分

如果你的分數是60～80分，代表你雖然很希望管理好自己，但有時候卻覺得自己怎麼樣也管不好自己。建議你，有空多閱讀《這樣溝通最有效》這本書的「Chapter 3 贏過自我弱點」，相信一定能得到不少幫助。

40～60分

如果你的分數是40～60分，代表你是一個不願意面對自己，而選擇逃避問題的人。如果你想累積在社會上的競爭力，就一定要贏得自我，好好管理、控制自我。建議你，有空多閱讀《這樣溝通最有效》一書中的以下篇章：62、64、66、67、68。

未滿40分

如果你的分數未滿40分，代表你是一個對自己不懷抱希望、過一天算一天的人。因此，你的當務之急是多多自我努力，以及培養自我競爭力，如此才能舒服地過社會生活。建議你，多多閱讀《這樣溝通最有效》這本書，學習各種與人際應對、面對自我的方法。

Chapter 4

贏得人際的密技

01

贏得人際密技1號

正視對方的眼睛

致勝關鍵

「眼神銳利，氣勢才會出來」

猛獸的眼神大都很銳利，因此，與人溝通時，用這種眼神來看對方，就能營造出控制對方的氣勢，甚至能打敗對方。

如果你不想讓對方有自我主張，希望他順從你的意見；不想讓對方反駁你的意見，那就用銳利的眼神凝視他，如此一來，你一定能弱化對方的氣勢。

02

贏得人際密技2號

說話大聲、宏亮

致勝關鍵

「說話大聲，咬字正確」

與人溝通時，聲音一定要宏亮，聲音太小或發音不標準，有時反而無法傳達你的想法。如果你說話很大聲，咬字又正確，這樣一來，一定有很多人不敢攻擊你。

03

贏得人際密技3號

說話簡潔有力

致勝關鍵

「說話簡短、用字簡潔」

「嗯……，對不起……」、「不好意思……」這種吞吞吐吐的對話方式，會讓對方覺你是個沒自信的人。與人溝通時，請以簡單言詞、簡短語句表達，才能掌握對方。愈勇猛的將軍，愈能用簡單的話語，表達自己的想法。

04

贏得人際密技4號

抬頭挺胸

致勝關鍵

「擴張身體氣勢，威嚴自然來」

一個人所能擁有的空間愈大，代表他的權力愈大。因此，職位愈高的人，所坐的椅子愈大張，所住的房子愈大間，所擁有的車子愈大台。

建議你，與人溝通時，請抬頭挺胸，盡量在有限空間裡，擴張你的身體氣勢。身體占足了空間，你的威嚴與權威，自然也會具備。如果你想掌控他人與局面，一定要抬頭挺胸。

05

贏得人際密技5號

不隨意言笑

致勝關鍵

「表情冷酷，弱點不會被識破」

我們都知道，服務生需款待、服務每一個客人，然而當他想強調、表達自己的主張時，就不能隨意對人言笑。同樣的道理，遇到重要時刻，你如果還用平常的親切微笑來面對客戶，就比較容易被對方抓住弱點。因此，當你想以自己的主張來戰勝對方時，就必須用石膏般面無表情的臉孔來應對，比較有利。

06

贏得人際密技6號

盡量別說藉口

致勝關鍵

「道歉要簡潔，不用解釋太多」

藉口，不是進攻者會採取的方式，而是防守者會用的伎倆。因爲，藉口只會弱化你，而相對強化對方的氣勢。所以，就算向對方道歉，也不要一直解釋事情的過程，只要簡單地說：「對不起，我以後會注意！」即可，這樣才不會被人輕視。如果你一直向對方解釋事情的來龍去脈，你就會變成弱者，很容易被人輕視。

07

贏得人際密技7號

說話不要支支吾吾

致勝關鍵

「一定要表現得理直氣壯」

如果你說話吞吞吐吐，別人就會很容易看出你的弱點、你的沒自信，而加以攻擊你。一旦你決定表達想法，就算某些環節你自己也覺得沒啥說服力，但說話還是不要支支吾吾，一定要拿出自信，哪怕是用假裝的，也要理直氣壯說出想法。

08

贏得人際密技8號

站在權力人士的身旁

致勝關鍵

「利用權力人士拉抬你的氣勢」

如果你沒有權勢，但你旁邊或背後的人有極大權力，別人就不敢瞧不起你。

在研討會場合中，你一定要站在召集人的旁邊；在公司裡，也請讓自己站在最有權力的人身邊。就算你和這些位高權重的人沒什麼交情，也沒關係，因爲不知道事情眞相的人，一定會以爲你也是個大人物。

人類，本來就不可能離群索居。如果你沒權力，那就借力使力吧！不要猶豫，儘管站在有權力的人身邊吧！

09

贏得人際密技9號

白紙黑字寫下約定

致勝關鍵

「書面化文件保障權益」

空口無憑，一向沒有什麼代表性與約束力，但若是白紙黑字寫下來，則隨時都可以把文件調出來看。因此，白紙黑字的文件，肯定比一句話更有威力。

比較重要的會面或情報，請不要口頭傳話，一定要書面化處理。當發生是非時，只有文件才能保護你。擬好的合約，一定要從頭到尾看一遍，如果有問題請立即提出，加以修正，修正後才能蓋章。如果不事先做好這些動作，當發生糾紛，就沒有人能幫你了。

10

贏得人際密技10號

勇敢拒絕無理要求

致勝關鍵

「一開始就要勇於「說不」」

你是否常常因爲：對方的權力比你大、地位比你高，而得勉強做你不想做的事情？其實，你不必如此屈辱度日。就算對方是你的主管，或是權力比你大的人，只要你說「不行」，加以拒絕，沒有人能對你怎樣。

如果你總是因爲：心太軟、不想被人看輕能力、不想發生不愉快，而不敢拒絕別人對你的過分要求，將來你會遇到什麼狀況，其實都可以想像得到。是的，對方一定會看輕你，一定會對你提出更刁難的要求。試想，如果等到有一天，你終於無法再承受對方的無理要求，那麼從以前累積至今的苦勞，將全都變成了白費，完完全全做了白工，對方也還是不會感激你。

11

贏得人際密技11號

愛你的敵人

致勝關鍵

「今天的敵人，明天的同志」

現代社會之所以如此昌明發達，是因爲人與人之間絕不會像「羅密歐與茱麗葉」的兩個家族，好幾代都是世仇。現代人人際關係複雜，有時候，今天是敵人，明天就會變成同志。因此，如果你總是明確區分敵人與同志，人際關係一定會出現很大的破洞。

曾經對你尖酸刻薄的人、讓你深受其害的人，只要你裝作什麼事都沒發生過，而願意請他們幫忙，相信他們一定會很樂意幫你的忙。所以，在職場上妨礙你工作的人、冤枉過你的人，請不要輕易仇視他們，反而要隨時以迎接、款待的態度面對，才可能獲得最後勝利。

12

贏得人際密技12號

勇敢表達想法，不要忍氣吞聲

致勝關鍵

「不帶情感，理性、簡單、明確表達」

如果你認爲：被冤枉時，雖感到憤怒，還是要忍氣吞聲才叫做「有美德」，那麼這輩子你都會是個輸家，被人冤枉的無助感，便會一直跟著你。所以，不管對方是誰，如果他表現出不妥當的態度，或是無緣無故一直對你發脾氣，千萬不要忍耐，一定要把想法告訴他。如果你只是一味忍氣吞聲，不說出你的意見，對方當然不會懂你；再加上，你的內心已經對他產生怨恨，根本就無法以平常心面對他，如此只會每下愈況，你將會愈來愈痛苦。

因此，如果有不滿情緒，請大大方方表達你的想法。說你想說的話，但別帶任何情感，理性、簡單、明瞭表達你的想法，如此才不會再生枝節，增加彼此的誤會。

專家指南：這樣溝通最有效 Life Net 生活良品036

作　　者　李貞淑
繪　　者　金炳秀
翻　　譯　李鍾鉉

總 編 輯　張芳玲
書系主編　張敏慧
文字編輯　簡伊婕
美術設計　許志忠
行政編輯　林麗珍

太雅生活館出版社
TEL：(02)2836-0755　FAX：(02)2831-8057
E-mail：taiya@morningstar.com.tw
郵政信箱：台北市郵政53-1291號信箱
太雅網址：http://taiya.morningstar.com.tw
購書網址：http://www.morningstar.com.tw

發 行 所　太雅出版有限公司
　　　　　行政院新聞局局版台業字第五〇〇四號

承　　製　知己圖書股份有限公司　台中市407工業區30路1號
　　　　　TEL：(04)2358-1803

總 經 銷　知己圖書股份有限公司
　　　　　台北公司　台北市106羅斯福路二段95號4樓之3
　　　　　TEL：(02)2367-2044　FAX：(02)2363-5741
　　　　　台中公司　台中市407工業區30路1號
　　　　　TEL：(04)2359-5819　FAX：(04)2359-5493

廣告刊登　太雅廣告部
　　　　　TEL：(02)2836-0755　E-mail：taiya@morningstar.com.tw

郵政劃撥　15060393
戶　　名　知己圖書股份有限公司
再　　版　西元2009年02月15日
定　　價　250元
(本書如有破損或缺頁，請寄回本公司發行部更換；或撥讀者服務部專線04-2359-5819#230)

ISBN 978-986-6952-17-3
Published by TAIYA Publishing Co.,
Ltd. Printed in Taiwan

國家圖書館出版品預行編目資料

這樣溝通最有效／李貞淑作；金炳秀繪；李鍾鉉譯.
——初版．——臺北市：太雅，2006[民95]
面；　公分．(Lift Net生活良品；36)

ISBN 978-986-6952-17-3(平裝)

1.口才 2.應用心理學

192.32　　　　95022139

掌握最新的旅遊情報，請加入太雅生活館「生活品味俱樂部」

很高興您選擇了太雅生活館(出版社)的「生活良品」書系，陪伴您一起享受生活樂趣。只要將以下資料填妥回覆，您就是「生活品味俱樂部」的會員，可以收到會員獨享的最新出版情報。

036

這次購買的書名是：專家指南／**這樣溝通最有效**（Life Net 036）

1.姓名：＿＿＿＿＿＿＿＿＿＿＿＿＿＿＿＿性別：□男 □女

2.生日：民國＿＿＿＿＿年＿＿＿＿＿月＿＿＿＿＿日

3.您的電話：＿＿＿＿＿＿＿＿地址：郵遞區號□□□＿＿＿＿＿＿＿＿＿＿＿＿

＿＿＿＿＿＿＿＿＿＿＿＿＿＿＿＿＿＿＿＿＿＿＿＿

E-mail: ＿＿＿＿＿＿＿＿＿＿＿＿＿＿＿＿＿＿＿＿＿＿

4.您的職業類別是：□製造業 □家庭主婦 □金融業 □傳播業 □商業 □自由業 □服務業 □教師 □軍人 □公務員 □學生 □其他＿＿＿＿＿＿

5. 每個月的收入：□18,000以下 □18,000~22,000 □22,000~26,000 □26,000~30,000 □30,000~40,000 □40,000~60,000 □60,000以上

6.您從哪類的管道知道這本書的出版？□＿＿＿報紙的報導 □＿＿＿報紙的出版廣告 □＿＿＿雜誌 □＿＿＿廣播節目 □＿＿＿網站 □書展 □逛書店時無意中看到的 □朋友介紹 □太雅生活館的其他出版品上

7.讓您決定購買這本書的最主要理由是？
□封面看起來很有質感 □內容清楚資料實用 □題材剛好適合 □價格可以接受
□其他＿＿＿＿＿＿＿＿＿＿＿＿＿＿＿＿＿＿＿＿＿＿

8.您會建議本書哪個部份，一定要再改進才可以更好？為什麼？

＿＿＿＿＿＿＿＿＿＿＿＿＿＿＿＿＿＿＿＿＿＿＿＿

9.您是否已經照著本書一起學習生活？使用這本書的心得是？有哪些建議？

＿＿＿＿＿＿＿＿＿＿＿＿＿＿＿＿＿＿＿＿＿＿＿＿

＿＿＿＿＿＿＿＿＿＿＿＿＿＿＿＿＿＿＿＿＿＿＿＿

10.您平常最常看什麼類型的書？□檢索導覽式的旅遊工具書 □心情筆記式旅行書 □食譜 □美食名店導覽 □美容時尚 □其他類型的生活資訊 □兩性關係及愛情 □其他＿＿＿＿＿＿＿＿＿＿＿＿＿＿＿＿

11.您計畫中，未來想要學習的嗜好依序是？ 1.＿＿＿＿＿＿＿ 2.＿＿＿＿＿＿＿ 3.＿＿＿＿＿＿＿ 4.＿＿＿＿＿＿＿ 5.＿＿＿＿＿＿＿

12.您平常隔多久會去逛書店？ □每星期 □每個月 □不定期隨興去

13.您固定會去哪類型的地方買書？ □連鎖書店 □傳統書店 □便利超商
□其他＿＿＿＿＿＿＿＿＿＿＿＿＿＿＿＿＿＿＿＿＿＿

14.哪些類別、哪些形式、哪些主題的書是您一直有需要，但是一直都找不到的？

＿＿＿＿＿＿＿＿＿＿＿＿＿＿＿＿＿＿＿＿＿＿＿＿

填表日期：＿＿＿＿＿＿年＿＿＿＿＿＿月＿＿＿＿＿＿日

廣	告	回	信
台灣北區郵政管理局登記證			
北台字第12896號			
免	貼	郵	票

太雅生活館　編輯部收

台北郵政53-1291號信箱
電話：(02)2880-7556
傳真：(02)2882-1026
(若用傳真回覆，請先放大影印再傳真，謝謝！)

地址：＿＿＿＿＿＿＿＿＿＿＿＿＿＿
姓名：＿＿＿＿＿＿＿＿＿＿＿＿＿＿

太雅生活館

有品味的生活學習，從太雅生活館開始